GartenZimmer
draußen genießen

TEXT
christene barberich

FOTOGRAFIE
david matheson

DESIGN
michael walters

HERAUSGEBER
clay ide

Lifestyle
by BUSSE SEEWALD

Originalausgabe erschienen bei

Weldon Owen Inc.

814 Montgomery Street, San Francisco, CA 94133

unter dem Titel „Pottery Barn Outdoor Spaces",

in Zusammenarbeit mit Pottery Barn,

3250 Van Ness Avenue, San Francisco, CA 94109

Übersetzung: Lucy Brenner

Produktion: Print Company Verlagsgesellschaft m.b.H., Wien

Druck: Tien Wah Press (Pte.) Ltd., Singapore

ISBN 3-512-03289-3

Im Freien zu Hause

Unsere Terrassen, Veranden und Höfe bieten die seltene Möglichkeit, unsere Lebensräume so zu erweitern, dass wir tatsächlich im Freien zu Hause sein können. Von großen Gärten bis zum kleinsten Stadtbalkon – nahezu jeder Außenbereich kann der Rahmen für ein bequemes Zimmer im Freien sein. Der Schlüssel dazu ist, den Bereich so zu gestalten, dass er Ihre Art zu feiern, zu spielen und zu ruhen widerspiegelt. Verwenden Sie dieses Buch als Leitfaden, um eine Terrasse, einen Hinterhof oder eine Veranda neu zu definieren. Mit Phantasie kann jeder dieser Orte zu mehr als einem Hintergrund für eine gelegentliche Grillparty werden. Er kann so einladend sein wie das Wohnzimmer und ein vollwertiger Teil des täglichen Lebens werden.

Wir von Pottery Barn sind überzeugt, dass die Zimmer im Freien mit derselben Aufmerksamkeit, Stil und Kreativität dekoriert werden sollen wie jeder andere Wohnraum. Die neuen, wetterbeständigen Materialien und die Fülle an stilvollen, mobilen Möbel bieten Inspiration und durchführbare Lösungen, die auf Ihren eigenen Bereich angepasst werden können. Am Ende werden Sie einen Bereich im Freien haben, der wahrhaftig reflektiert, wer Sie sind und wie Sie leben. Und für uns ist das das Wesen von „Zuhause“.

DAS POTTERY BARN DESIGNTEAM

Inhalt

Ihr Stil

Ein Platz, der mühelos die Grenzen zwischen drinnen und draußen überbrückt, ein grüner Fleck zum Gärtnern, zum Essen oder nur, um einmal abzuschalten, eine Erweiterung Ihres Lebensraumes und Flucht aus den vier Wänden – Außenräume spielen all diese Rollen und noch mehr. Ein Raum im Freien: ob nur gedacht oder ein wirkliches Bauwerk, ein Szenario, das so entworfen ist, dass es die Gemütlichkeit von zu Hause mit den stärkenden Qualitäten der Natur verbindet. Ob sie groß oder klein sind, eindrucksvoll wie ein Poolpavillon oder so einfach wie ein Stadtbalkon: Die besten Außenräume sind leicht in Stand zu halten und sehr phantasievoll statt konventionell.

Unser Zuhause ist der Ort, an dem wir viel Zeit mit unserer Familie und unseren Freunden verbringen. Und egal, welche Größe oder Form Ihr Außenraum hat, er wird bestimmt bald der liebste Aufenthaltsort für alle sein. Um Ihre persönliche Note einzubringen, gehen Sie beim Dekorieren wie bei jedem anderen Zimmer innerhalb des Hauses vor. Wählen Sie Möbel und Zubehör so aus, dass Sie sich unter freiem Himmel heimisch fühlen können.

Denken Sie an einen bequemen Zugang, Stauraum für Ihre Lieblingsbeschäftigung und überlegen Sie, für wie viele Personen der Raum Platz bieten soll. Das Arrangement der Möbel ist dann besonders wichtig, wenn sie den Außenraum begrenzen möchten. Für kleinere Bereiche wie enge Terrassen oder Balkone wählen Sie Stühle und Bänke, die Sie leicht für unterschiedliche Anlässe und Verwendungen umstellen können.

Bei der Wahl der Einrichtungsgegenstände orientieren Sie sich an den Gegebenheiten der Natur und wählen Sie Materialien, die der Sonne und dem Regen standhalten. An geschützten Plätzen können Sie sogar Ihr altes Lieblingssofa platzieren oder Sie setzen ein neues Sofa auf Rollen und bringen es nach draußen, wann immer das Wetter passt. Um Ihre Polstermöbel zu schützen, können Sie Möbelschoner aus wasserfesten Stoffen oder Segeltuch überwerfen. Für ungeschützte Stellen wie beim Pool oder in Innenhöfen benutzen Sie emaillierte Tische und Stühle oder Möbel aus wetterfesten Harthölzern. Für Ihre ganz persönliche Note verwenden Sie Stilelemente aus Ihren Innenräumen. Ein romantischer Kerzenständer, der vom Baum hängt, macht auch eine schlichte Mahlzeit zu einem besonderen Ereignis; ein Sisalteppich putzt den Boden einer überdachten Veranda enorm heraus.

Es ist so einfach, den Komfort von drinnen mit dem Genuss der frischen Luft zu verbinden.

Drinnen wird ein Zimmer durch vier Wände definiert. Draußen bilden ein paar Obstbäume, eine Blumenpergola, einige Terrakottatöpfe oder ein Sonnenschirm den Rahmen.

RUNDGANG

Ein Familienfest im Garten

Das Blätterdach der Bäume schützt ein Familientreffen, das bis in die Nacht dauern soll. Den guten Stil der Natur kann man nicht übertreffen, nur ergänzen – mit einem einfachen Tisch, einer Lichterkette und Dekorelementen, die scheinbar dem Garten entsprungen sind.

Für Gäste ist eine Party im Freien immer fröhlich und außergewöhnlich. Mit Phantasie und der richtigen Planung kann es für den Gastgeber genauso sein – ein Zusammenspiel zwischen Landschaft und Ereignis, das Familie und Freunde Jahr für Jahr wiederkehren lässt.

Ein Fest für eine größere Gruppe benötigt einen großen, geschützten Platz als Zentrum des Geschehens. Das ist wahrscheinlich der beste Platz auf Ihrem Grundstück – ein gepflegter Rasen, eine Steinterrasse, ein mit Ziegeln oder grobem Schotter gepflasterter Hof. Stellen Sie den Tisch zwischen jungen Bäumen, unter einer dichten Weinpergola oder in einer Ecke des Gartens, inmitten von Blumenbeeten und Kletterrosen, auf. Eine schön getrimmte Hecke oder eine Terrassenmauer können einen Tisch ebenso umgeben. Wenn es keinen natürlichen Schatten gibt, stellen Sie große Marktschirme oder einen Baldachin als Schutz und zum Begrenzen auf. Setzen Sie hohe Töpfe mit spaliertem Jasmin oder Geißblatt an jede Ecke des Essplatzes, um diesen klar hervorzuheben – gleichzeitig dienen sie als Blendschutz gegen die untergehende Sonne. Dieses geschützte Gefühl macht den Charme eines GartenZimmers aus.

Frische grüne Akzente *(links)* in Sitzkissen und Wassergläsern reflektieren die kraftvollen Farben der Bäume und überbrücken die Kluft zwischen den eher konventionellen Wohnmöbeln und dem zwangloseren Freiluftlook. **Weißes Leinen** *(rechts)* ist frisch und praktisch für eine Tafel im Freien; es bietet klare Flächen für kräftige Farbstriche.

Für ein Gartenfest ist die Tageszeit genauso wichtig für das Gelingen wie der Ort und das Menü. Der Nachmittag bietet sich an, um faul bei einer Jause zu verweilen und die letzten Sonnenstrahlen zu genießen. Sorgen Sie für ein paar zwanglose Spiele wie Boccia, Badminton oder Krocket. Neben dem Spielbereich können Sie eine raffinierte Ablage für die benötigten Rackets, Bälle und Netze einrichten.

Rasenspiele bringen eine ausgelassene Stimmung auf Gartenfeste und fügen ihren eigenen ruhigen Reiz bei.

Mit bemalten Steinen können wetterfeste Grenzen um den Spielbereich auf Gras oder Schotter gelegt werden. In verzinkten Metallbottichen werden kalte Getränke auf Eis oder Sonnenhüte und Flip-Flops aufbewahrt. Am Abend, wenn sie geleert sind, kann man verstreute Spieleteile oder Tischgedecke mit ihnen praktisch ins Haus bringen.

Eine gerahmte Schreibtafel *(links)* an einen Baum gelehnt gibt eine hübsche Punktetafel für die Nachmittagsspiele. **Weiße Steine** *(rechts)* begrenzen den Bocciaplatz. Am Ende der Spiele kann sich jeder Gast einen Stein als Souvenir mitnehmen.

5TH ANNUAL SUMMER CHALLENGE
HATS
NO HATS

Eine Lichterkette verzaubert ein Fest bei Nacht mit seinem betörendem Glanz.

Bezaubernde Abende hängen von der Magie des Lichtes ab: Das Flackern der Votivkerzen zwischen verstreuten Blumen auf einer festlichen Tafel, blinkende Feenlichter in den Bäumen und eine Reihe von Windlichtern werfen ein sanftes Licht vom Rand her. Wechselnde Lichtquellen und -stärken bringen in Ihr Gartenfest eine romantische Note und helfen, den Mittelpunkt des Festes abzugrenzen. Zwischen Jungbäume gespannte Lichterketten mit weißen Glühbirnen verleihen dem schön gedeckten Tisch das Flair eines französischen Cafés.

Eimer voll Rosen an jedem Tischende verströmen permant guten Duft. Weißes Leinen und schimmernde Gläser – toskanische Apothekerflaschen für Olivenöl, schlanke Karaffen für Wein und flaschengrüne Acrylgläser – fangen die spezielle Stimmung vom Abendessen im Freien ein. Diese Mischung aus klassischen und unkonventionellen Elementen ist absolut unwiderstehlich.

Große Mengen gelber Rosen in verzinkten Eimern leuchten in der Dämmerung und geben dem gedeckten Tisch ein reizendes und ungezwungenes Aussehen. Kissen mit Blumen- und Karomustern bringen die Holzbänke auf ein festliches Niveau.

Große Partys verlangen verschiedene Aufenthaltsplätze, wo sich die Gäste unterhalten können. Leichte Korbsessel mit losen Kissen eignen sich perfekt dafür, weil die Gäste sie nach Belieben verstellen können. In Dreiergruppen arrangiert bilden sie einen gemütlichen Kreis zum Plaudern. Platzieren Sie auch einige Sessel um den Spielbereich, damit Zuschauer dabei sein können. Sorgen Sie dafür, dass Getränke bequem abgestellt werden können, indem Sie tragbare Plastik- oder gebürstete Metalltischchen aufstellen.

Kleine Gruppen von Korbsesseln *(links)* und verzinkten Beistelltischen erleichtern es, den Aktivitäten im Freien zu folgen. **Windlichter aus Glas** *(oben),* die mit Steinen beschwert sind, beschützen die Kerzen vor aufkommendem Wind.

Gestaltungsdetails

Farbpalette

Weiß und verschiedene Grüntöne von Sellerie bis Smaragd akzentuieren einen sonnigen Gartenplatz vorteilhaft. Wählen Sie Stoffe mit kleinen, detaillierten Mustern und Schattierungen aller Farbtöne, um ein einfaches Farbschema durchzuziehen. Schwarze Akzente unterbrechen die Weiß-Grün-Palette und geben dem Garten einen noblen Eindruck. Ob aus Weide oder Schmiedeeisen, Gartenmöbel in Dunkelgrün oder Schwarz sind die Klassiker in den Parks und gepflegten Gärten Europas.

Materialien

Maulbeerbäume sind robust und ertragen die Stadt- und die Seeluft, solange sie vom Wind geschützt stehen. Fruchtlose männliche Bäume, die hier verwendet wurden, sind bevorzugte Schattenspender für gepflasterte Plätze, weil keine Fallobstflecken entstehen.

Korbmöbel Hauptakteure in Garten-Zimmern, weil sie so robust sind. Traditionell aus Bambus- oder Rattanrohren gefertigt, die zu flexiblen Streifen verarbeitet werden und wie Körbe um einen Holz- oder Metallrahmen geflochten sind.

Feinkies Mischung aus kleinen, runden Steinen, oft für Aquarien verwendet, gibt es in verschiedenen Farbschattierungen sortiert. Feinkies kann unterschiedlich eingesetzt werden: um Kerzen in Windlichtern zu verankern, zum Pflastern von Gartenwegen.

Spielen

Viele von uns haben zärtliche Erinnerungen an Ballspiele im Dämmerlicht, Krocket im Garten hinterm Haus, Badminton-Matches, die freundschaftlich endeten, oder an beschauliche Runden Hufeisenwerfen, die zu hitzigen Wettbewerben ausarteten. Man kann die Zeit nicht zurückdrehen, aber man kann einen eigenen Spielplatz einrichten, den die ganze Familie genießen kann. Alles was man benötigt, ist ein gekennzeichneter Bereich, günstige Ausstattungen und genügend Platz, um diese gut zu verstauen.

Um die Spiel- und Sportausstattung leicht herausholen und bequem wieder aufräumen zu können, sollte der Stauraum in der Nähe des Spielplatzes sein. Emaillierte Spinde sind robust, wetterfest und platzsparend – aber Schubkarren und Segeltuchtaschen sind viel witziger und sehen toll aus, wenn sie mit Schlaghölzern, Rackets und Bällen gefüllt sind. Stellen Sie Tische und Stühle auf die Veranda oder in den Garten und stapeln Sie Ihre Lieblingsbrettspiele, Puzzles und Spielkarten

Ein eigener Spielbereich ist ein altmodischer Luxus, der Familie, Freunde und Spaß vereint. Bestimmen Sie einen Platz zur Entspannung und „gehen Sie raus spielen".

auf ein verwittertes Schränkchen für die eleganteren Spiele. Auf einer größeren Fläche kann man sogar Tischtennis oder Pool spielen; stellen Sie eine wetterfeste Truhe oder eine Teak-Konsole neben den Spieltisch auf, um Queues und Schläger aufzubewahren.

Schaffen Sie Raum für die Spiele, die Sie lieben. Selbst wenn Sie in der Stadt leben und nur einen kleinen Balkon oder nur ein Fleckchen Garten besitzen, haben Sie bestimmt Platz für einen kleinen Tisch und eine Spiele- und Kartensammlung. Sollten Sie das Glück haben, ein Stück Rasen Ihr Eigen zu nennen, legen Sie Ihren privaten Bocciaplatz oder eine Krocketbahn an. Verwenden Sie Hecken und Blumenbeete, um ein abgeschirmtes Spielfeld zu definieren. Buchsbaum eignet sich genauso gut als Begrenzung wie duftender Lavendel. Beide sind robust, einfach zu ziehen und leicht zu pflegen. Containerpflanzen wie Buschrosen, Geranien oder Efeu sind großartige mobile Spielfeldbegrenzungen, die Leben und Farbe auf das Spielfeld bringen.

Nutzen Sie Ihre Kreativität für Ihren individuellen Spielbereich. Hängen Sie die Punktetafel in einen Baum. Stellen Sie Stühle und Schirme für Zuschauer auf und richten Sie eine Labestation ein, die zu den Mahlzeiten ein Büffet auf Picknicktischen bietet. Ein gemütlicher Spielraum bietet die ganze Saison lang den puren Luxus: reines, unkompliziertes Vergnügen.

Zuflucht am Tennisplatz

Richten Sie am Rand des Spielfeldes eine flotte Sitzmöglichkeit für Zuschauer und Spieler ein. Dafür braucht man nur ein paar stabile Möbel und einen originellen Stauraum.

Eine Sitzgelegenheit auf dem Tennisplatz, gleich neben der Seitenlinie, ist der perfekte Platz zum Erholen und für Gespräche, wobei man immer ein Auge auf das Spiel haben kann. Langlebige Möbel, eng zusammengestellt, schaffen ein gemütliches Ambiente. Die Stoffe sollten tennisweiß sein: Wählen Sie bleichbare Überzüge aus Segeltuch oder Twill und abnehmbare weiße Kissen, die während einer sonnigen Saison nicht gleich verblassen. Eine faltbare Umkleidekabine macht sich hübsch als Stauraum für Rackets, Tennisbälle und zusätzliche Klappstühle.

Klappbare Regaleinheiten *(links)* bieten viel Platz für Tennisutensilien und Sonstiges. **Die bunten Streifen der Umkleidekabine** *(oben)* tauchen auf Miniblumentöpfen auf und verleihen dem Tisch eine sportliche Note. **Ein großflächiger Kaffeetisch** *(rechts)* ist ein einladender Platz, um zwischen den Spielen die Füße hochzulegen.

RUNDGANG

Entspanntes Leben am See

Für alle, die nicht genug vom Wasser kriegen können, bietet ein Fertigteilstrandhaus eine angenehme Zuflucht. Halten Sie es einfach und praktisch und Sie können den ganzen Sommer in Harmonie mit Rettungswesten, Ruder und Wasserski verbringen.

Familien mit einer Leidenschaft fürs Bootfahren, Fischen oder Schwimmen sind nirgends so daheim wie am Wasser. Wollen Sie nicht mehr alle Geräte wegräumen und nach einem Tag am See einfach zum Haus zurückkehren? Warum erfinden Sie das Bootshaus nicht neu und verwenden es als Mehrzweckraum? Unterhaltung und Entspannung können sich mit Praktischem an einem Zufluchtsort am Wasser verbinden und Sie können lange Nachmittage bis zum letzten Tageslicht genießen.

Die Funktion eines Stauraums und die lebhafte Ausstrahlung eines geliebten Aufenthaltsraumes müssen einander nicht ausschließen. Machen Sie aus der Sportausrüstung dekorative Elemente: Notwendige bunte Rettungswesten, gestreifte Handtücher und Seilrollen auf Klampen sind auch als Aufputz von Wert, wenn sie an den Wänden hängen. Eine Industrielochwand für Werkzeuge und Ausrüstungen ist auch der perfekte Platz für hübsche Segeltuchtaschen, in denen man alles Mögliche wie Sonnenblenden, Badeanzüge und Kleidung zum Wechseln verstauen kann. Wenn man ans Wasser geht, schnappt man sich einfach eine Segeltuchtasche und hat alles dabei.

Ein Kaffeehaustisch und Bistrostühle *(links)* sind leicht, aber langlebig. Damit passen sie ideal zum Seezufluchtsort. Tische und gepolsterte Sitzelemente sind ein einfaches Rezept für einen flexiblen Raum, den die ganze Familie genießen kann. **Eine Lochwand** *(rechts)* organisiert die mit Utensilien gefüllten Segeltuchtaschen.

Ein Bootshaus ist zwar kein Wohnzimmer, aber es kann dem sehr nahe kommen, wenn man bequeme, wetterfeste Möbel auswählt. Mit gestreiften Baumwollüberzügen sehen sie immer frisch aus, da diese leicht zu waschen sind und rasch trocknen. Fügen Sie gerahmte Fotos und Erinnerungsstücke von den Erlebnissen im Freien dazu, um den saisonal genutzen Räumen ein Gefühl der Dauerhaftigkeit zu geben. Machen Sie den Raum auch für den Abend behaglich, indem Sie ihn mit Wandleuchten ausstatten. Wasserfeste Badezimmermodelle eignen sich ideal für feuchteres Wetter.

Eine metallene Bootsleiste *(oben)* wurde über dem Sofa als Ablage für Erinnerungsstücke und Fotos montiert. **Bootsklampen** *(rechts)* ergeben rostfreie Haken zum Trocknen der Handtücher oder um die Wasserskileinen aufzuhängen. An ein gestreiftes Kunststoffbrett geschraubt ergeben sie ein seetaugliches Tablett.

Gestaltungsdetails

Farbpalette

Kräftiges Rot und Blau sind die typisch nautischen Farbtöne. Für eine stärkere Präsenz setzen Sie sie vor einen grauen Hintergrund. Diese gewagte Palette macht ein Zimmer so schnittig wie eine Segelyacht. Für Zimmer im Freien ist ein zartes Grau für die Wände besser als Weiß: Grau verbirgt den Schmutz und passt zu vielen Farbtönen. Rote Akzente sind deshalb so toll, weil Blau und Grün (ihre Komplementärfarben) in der Natur so häufig vorkommen.

Zimmerplan

Bequeme Möbel, eingebauter Stauraum und ein paar raffinierte Accessoires verwandeln dieses einfache Gebäude mit einer Plattform und Sperrholzwänden in einen eigenen Freizeitraum für die Familie. Die Wände sind mit Bootslack gestrichen. Das macht sie pflegeleichter und gibt dem Innenleben ein poliertes Erscheinen. Eine Bootsreling wird zur perfekten, wasserfesten Fotoablage, die die ganze Saison draußen bleiben kann. Die Rückwand eines eingebautes Regalsystems besteht aus einer Industrielochwand, um auf beiden Seiten für Ordnung zu sorgen. Bootsklampen aus Gummi werden durchwegs als Haken verwendet.

Materialien

Lochwand Ein Brett, in das in gleichmäßigen Abständen Löcher gebohrt wurden, in die man Nägel oder Haken stecken kann: So kann jede Wand zu einem extra Aufbewahrungsplatz werden.

Wasserfeste Stoffe Ist das dichte Gewebe von Segeltuch zusätzlich mit Teflon beschichtet, wird es wasserfest und farbecht.

Emailliertes Metall Eine dünne Lage Email schützt Eisen oder Stahl vor Feuchtigkeit und Korrosion.

Eine verspielte Veranda

Wenn eine kühle Brise weht, bringen Sie die Familienspiele auf die Veranda. Ein Tisch für vier, Stauraum und ein paar besondere Details bilden den Rahmen für Spaß und Spiele.

Der offene Grundriss einer geschützten Veranda lädt Spieler und Zuseher gleichermaßen ein. Klassische Möbel wie ein Sockeltisch, faltbare Regiestühle und schmiedeeiserne Luster erhalten ein frisches Aussehen, wenn das Farbschema in Schwarzweiß gehalten wird. Für eine verspielte Atmosphäre nutzen Sie Details, die den Aktivitäten des Raumes entsprechen. Binden Sie ein Kartenspiel auf den Luster oder malen Sie Ihr Lieblingsbrettspiel direkt auf den Tisch. Stauraum in der Nähe hält Ordnung und offene Körbe geben Platz für eine wachsende Spielesammlung.

Spielkarten *(links)* hängen wie ein Spielzimmermobile von einem Luster. **Regalbank mit Kissen** *(oben)* als Sitz für die Zuschauer und zugleich Ablage für die Familienspiele. **Faltbare Regiestühle** *(rechts)* sind leicht gebaut und einfach umzustellen.

Spiele und Ausrüstungen aufbewahren

Wie jeder Trainer bestätigen wird, ist sportliches Leben viel einfacher, wenn die benötigte Ausrüstung ordentlich aufbewahrt wird. Geordnete Geräte sehen auch viel besser aus – so gut, dass Sie sie beim Verstauen ausstellen sollten. Ein offenes Aufbewahrungssystem kann zwei Aufgaben erfüllen, wenn es Krocket- oder Tennisschlägern Platz bietet und sie zeigt. Hängen Sie bunte Handtücher oder Bootsseile auf Klampen, um weißen Wänden Farbtupfer zu verpassen. Beschriften Sie Segeltuchtaschen, damit die Familienmitglieder ihre Geräte in der Eile finden, und für den Kleinkram verwenden Sie Sortierboxen – die sind praktisch und lassen sich leicht stapeln.

Bootsklampen *(gegenüber)* verwendet man, um Boote festzubinden, aber sie ergeben auch rostfreie Haken für Strandtücher und Wasserskileinen. **Ein Ständer für Krocketschläger** *(links)* putzt die Wand eines Geräteschuppens oder Abstellraumes auf. **Alte Hausnummern** *(ganz oben)* finden neue Verwendung in einem Spielraum im Freien; werfen Sie sie einfach in den Sand, um die Ergebnisse bei Darts, Hufeisenwerfen oder Krocket zu notieren. **Miniwäscheklammern** *(oben)* zum Fixieren von zusätzlichen Badminton-Federbällen an einer Einschaltkette fürs Licht oder an einer Schnur, die vom Baum hängt.

Kochen

Wie das Essen hat auch das Kochen im Freien seinen eigenen Reiz. Ob Sie nun am See, am Meer oder bequem im eigenen Hinterhof kochen – die Kunst der Zubereitung einer Mahlzeit im Freien ist eine Herausforderung, die gemeistert werden will. Sogar das einfachste Menü wird zum besonderen Ereignis, wenn es vom Ausblick auf Land, Wasser und Himmel begleitet wird. Und das Kochen im Freien ist oft genauso befriedigend wie das Essen selbst.

Eine Küche im Freien aufzubauen, kann wenig Vorbereitung bedeuten, wie z. B. den Griller hinausrollen, aber auch mehr: mit Plan und Bau einer vollfunktionierenden Küche inklusive fließendem Wasser, Gasgrill, Kühlschrank und Herd. Egal welche Art zu kochen Sie bevorzugen, wichtig ist der richtige Platz – genug Raum, um sich frei bewegen zu können, und für alle Ihre individuellen Küchengeräte und -werkzeuge.

Wenn Sie am liebsten grillen, richten Sie eine Grillstation auf Terrasse oder Holzsteg ein, mit einem kleinen Beistelltisch, der als Anrichte für Werkzeuge, Servierplatten und Gewürze fungiert. Eine Feuerstelle – tragbar oder fix eingebaut – benötigt etwas Instandhaltung, bietet aber vielfältige Kochmöglichkeiten, vom langsamen Schmoren von Fleisch bis hin zum Fleischgrillen für Kebabs. Wenn reichlich Platz ist, können Sie die Außenküche Ihrer Träume so gestalten, dass sie drei Jahreszeiten hindurch verwendet werden kann. Die ganze Palette der Küchengeräte und -hilfsmittel gibt es auch in wetterfester Ausführung – Kühlschränke, Weinkühler, Gasgriller und sogar Holzpizzaöfen oder Drehgrillspieße für Gourmetpioniere.

Alle Werkzeuge bei der Hand zu haben, ist das Geheimnis vieler ausgezeichneter Köche, besonders dann, wenn das Herbeiholen von fehlenden Utensilien einen Sprint quer über den Hof in die Küche und wieder zurück bedeuten würde. Bevor Sie nach draußen gehen, überlegen Sie, was alles benötigt wird. Halten Sie einen eigenen Satz Küchenwerkzeuge und Gewürze in leicht zu transportierenden Behältern bereit und seien Sie phantasievoll: Topflappen und Grillbesteck in einem emaillierten Eimer oder Servietten im Marmeladeglas.

Auch wenn der Esstisch im Freien der natürliche Mittelpunkt ist, sorgen Sie darüber hinaus für weitere Sitzgelegenheiten um den Kochbereich. So können sich die Gäste unbeschwert mit dem Koch unterhalten und – wenn sie wollen – auch bei den Vorbereitungen mithelfen oder sich beim Zusammenstellen des Menüs einbringen.

Ob Grillen mit der Familie oder eine Party mit Lagerfeuer: Im Freien zu kochen hat die Leichtigkeit und Unbeschwerlichkeit, die mit dem warmen Wetter kommt.

FUME
HARD

RUNDGANG

Zwangloses Lagerfeuer am Strand

Freunde und Familie bei einem Lagerfeuer am Strand zu bekochen, ist eines der großen Vergnügen im Sommer. Wenn Sie einfach zu transportierende Annehmlichkeiten mitbringen, die zum Verweilen einladen, wird ein Tagesprogramm daraus.

Ein Strandlagerfeuer – ob exakt geplant und stilvoll oder spontan und unkonventionell – ist der Liebling aller Freiluftköche. Der Reiz eines Lagerfeuers im Sand liegt am Teilen einer familiären Mahlzeit, die mit herrlichem Wetter und der Atmosphäre von Müßiggang am Wasser gesegnet ist. Stecken Sie eine Länge des sandigen Ufers ab und begehen Sie das klassische Kochen am Freudenfeuer ein wenig kultivierter, indem Sie Zubehör einer tragbaren Küche mitnehmen. Beginnen Sie mit einer Station zum Vorbereiten der Speisen, einer offenen Feuerstelle zum Grillen von frischem Fisch oder Gemüse und einer Sitzgelegenheit, bei der Sie fröhlich die Mahlzeit genießen können.

Bringen Sie edle Küchen- und Essutensilien mit, die aber dennoch gut zum Strand passen. Verwenden Sie Picknickdecken und Beistelltische, um dem Sand zu entgehen. Statt Papiertellern verwenden Sie ihr zweitliebstes Geschirr und ein Tablett. Ein Etagentablett ist praktisch zum Tragen und Bereithalten der Gläser. Wickeln Sie das Besteck in eine Serviette und binden Sie diese fest, damit Sie sie den Gästen leicht reichen können. Komplettieren Sie das Gedeck, indem Sie Ihre Lieblingsweine in leere Krüge füllen und deren Namen auf Steine schreiben.

Aufrollbare Beistelltische *(links)* sind praktisch aufzustellen und leicht zu tragen. Eine großzügige Menge von Körben und Tabletts erleichtert das Tragen des Geschirrs. **Runde Steine** *(rechts)* mit Kreide beschriftet bezeichnen die Weine und heben dabei den Charme des Strands hervor.

Den ganzen Tag im Sand zu verbringen, ist nur sehr bequem, wenn er fein ist. Verwenden Sie die Sitzkissen von Ihrem Sofa und verwenden Sie Felsblöcke als natürliche Lehnen. Wählen Sie waschbare Stoffe wie Denim und Twill, die einen ganzen Tag Essen, Sonne und Spaß am Wasser aushalten können. Entrollen Sie eine Abdeckplane oder breiten Sie ein gewöhnliches Spritztuch auf dem Sand aus, um den Bereich genau zu definieren. Die vorherrschenden Farben des Strandes – kühlende Blautöne und sandige Schattierungen – können Sie auf Möbeln, Kissen, Überwürfen und Tischwäsche fortsetzen.

Windschnittige Klappsessel *(links)* mit wetterfestem Stoff bespannt. **Tischtuchgewichte** *(oben)* aus Strandsteinen gefertigt schützen die Tischwäsche vor Seebrisen. **Denim-Kissen** *(rechts)* gegen Felsen gelehnt ergeben ein Strandsofa.

Mit Seegrasmatten und Weidenkörben können Koch- und Essbereich definiert werden. Sie sind wegen ihrer Haltbarkeit perfekt für draußen geeignet. Wenn sich der Nachmittag zum Abend neigt, versorgen Sie Ihre Gäste mit alltäglichem Luxus, um den Übergang zu erleichtern. Halten Sie Decken für den Sonnenuntergang bereit. Hängen Sie Laternen auf Pfähle, um die Sitzbereiche auszuleuchten oder betten Sie sie in den Sand. Dann können Ihre Gäste die Laternen bei Dunkelheit für den Rückweg verwenden.

Seegrasmatten *(links)* sind bekannt für ihre Witterungsbeständigkeit und es ist einfach, sie auszuschütteln und zusammenzurollen, wenn die Zeit zum Heimzugehen gekommen ist. **Ein riesiger Korb** *(oben)* ist vollgepackt mit Pullis und Überwürfen, eine willkommene Behaglichkeit, wenn der Küstenwind auffrischt.

Gestaltungsdetails

Farbpalette

Blau und Weiß war schon immer die klassische Farbkombination für Ferienhäuser am Meer. Mit Sandbeige ergänzt ergibt es eine Palette, die das ganze Jahr ins Haus passt und in Außenräumen so natürlich wirkt wie Sand und Meer. Denimblau ist die perfekte Farb- und Materialbegleitung und mit der Zeit bleichen die Stoffe schön aus. Fügen Sie weiße Akzente in Kissen, Decken und Tischtüchern hinzu, damit die Palette noch gepflegter und schnittiger wirkt.

Materialien

Denim Dieser schwere Twillbaumwollstoff wurde in den USA während des kalifornischen Goldrausches für Arbeitshosen (Jeans) bekannt. Denim ist ein ideales Material für Möbel im Freien, weil er so langlebig und gut waschbar ist.

Seegras Ist ein kommerziell gezüchtetes Wassergras mit einer starken Faser, ähnlich wie Stroh und weicher als Kokosfaser oder Jute. Verwobene Seegrasmatten sind sogar bei starker Nässe strapazierfähig.

Segeltuch Ein sehr starker Stoff, meist für die Herstellung von Sportausrüstungen, Zelte und Möbel für draußen verwendet. Es kann aus Leinen, Hanf oder Baumwolle gewoben sein. Wasser- und wetterfest passt Segeltuch perfekt zum enspannten Look einer Freiluftausstattung.

Eine Freiluftküche einrichten

Eine der Freuden beim Kochen im Freien ist es, mit dem zu improvisieren, was bei der Hand ist – am Strand oder am Steg einer Fischerhütte. Verwenden Sie Steine zum Bauen eines Fischgrills, Treibholz, um ein besonderes „Esszimmer" zu umrahmen, oder ein paar geputzte Muschelschalen als Oliventeller. Für engagierte Freiluftköche machen ein paar permanente Einrichtugnen Sinn: Wählen Sie Materialien wie Steine, Teak oder Stahl, die Sand und Nässe vertragen. Hängen Sie einen eisernen Topfständer auf einen Baumast oder verwenden Sie eine Leiter als praktische Ablage für Töpfe, Geschirrtücher, Gewürze und Utensilien.

Eine Teak-Ablageleiter *(links)* ursprünglich für Handtücher im Badezimmer gedacht, wurde in einen Freiluft-Topfständer mit Ablage für Gewürze, Kräuter und Grillbesteck verwandelt. **Ein Steinkreis** *(ganz oben)* hat genau die richtige Größe für den Grillrost, der vom Griller ausgeliehen wurde und nun über der Hitze des Lagerfeuers liegt. **Umgedrehte Siebe** *(oben)* eignen sich perfekt, um Insekten vom Essen fernzuhalten. **Ein Konsolentisch** *(rechts)* der zum Grillen nach draußen getragen wurde, hat sich einfach in eine Büffetstation verwandelt mit allem darauf, was man zum Essen braucht. Suchen Sie passende Plastiktischtücher, um Möbel am Abend oder bei schlechtem Wetter zu schützen.

Essen

Den Tisch für ein Essen im Freien zu decken, bietet immer eine Menge von kreativen Möglichkeiten. Das Zusammenspiel aus frischer Luft, dem sanften Rauschen der Bäume, dem Gefühl von Gras oder dem Klang von Wellen, die gegen den Strand schlagen, verlangt einen ebenso inspirierten Tisch. Ob ein Picknick für zwei am Fluss, ein einfaches Mittagessen auf der Terrasse oder Grillen mit den Nachbarn, das richtige Tischgedeck verleiht jedem Anlass einen einzigartigen Charakter: Wählen Sie Elemente, die sich leicht wegräumen lassen oder die Ihr bestes genießen Sie die Freiheit schönen Wetters. Bringen Sie Kerzen, Essgeschirr, Besteck und Weingläser in einer Gartenscheibtruhe nach draußen; das spart Wege in die Küche. Hängen Sie einen Kerzenleuchter in einen Baum, der den festlichen Tisch darunter beleuchtet. Oder hängen Sie einen Baldachin aus Laternen und dinieren Sie bei Sternenlicht.

Wenn man einen Essplatz im Freien einrichtet, wird natürlich auch die Jahreszeit oder das Wetter berücksichtigt. An warmen Sommertagen werden Körbe zum unentbehrlichen Serviergeschirr für Porzellan, Kristall und Linnen in einem vorteilhaften Licht zeigen.

Eine Mahlzeit unter freiem Himmel erweckt die Aufmerksamkeit auf die Umgebung zu neuem Leben und bewirkt eine höhere Würdigung der frischen Zutaten.

Lassen Sie sich von der Vitalität des Ortes führen – dann werden Vorbereitungen ebenso lustvoll wie der Anlass selbst. Kreieren Sie eine eigene Picknickausstattung aus Flohmarktfunden: Alte Marmeladegläser werden zu Trinkgläsern und Siebe oder mit Servietten ausgelegte Körbe werden zu Tellern und Schüsseln. Decken Sie den Tisch mit Papier, das verspielt für das Essen dekoriert werden kann. Versehen Sie Bänke mit unterschiedlichen Kissen und entwerfen Sie Platzkarten aus Muscheln, Steinen oder anderen Objekten. Öffnen Sie die Grenzen zwischen drinnen und draußen und frisches Gemüse aus dem Garten oder die Beeren- und Früchtenernte. Kühlere Tage verlangen nach deftigeren, heiß servierten Mahlzeiten, bei denen Steingutwaren und warme Decken Teil der Ausstattung sein werden.

Erinnern Sie sich daran, um wie viel süßer ein Eis in der heißen Sonne schmeckt, ein Burger vom Griller immer einen aus der Pfanne übertrumpft und wie eine sonnengereifte Erdbeere zu Hause nie so saftig ist wie eine direkt aus dem Beet? Lassen Sie sich von diesen Erinnerungen tragen, wenn Sie das nächste Mal ein Essen planen, und Sie werden bestimmt von den Vorzügen eines Essen *al fresco* inspiriert werden.

RUNDGANG

Grillen im Hinterhof

Grillen im Freien ist „das" Sommervergnügen. Heben Sie den Wert dieser Tradition mit speziellen Details. Für einen Neuanfang beim Hinterhofgrillen erfinden Sie neue Ausstattungen mit witzigen Ideen, die Gastgeber und Gäste gleichermaßen erfreuen.

Ein Sommergrill – auch wenn es nur klassische Burger sind – kann genauso stilvoll wie witzig sein und ist rasch vorbereitet. Planen Sie bei Ihrem Grillmenü viele kleine Happen, die Erwachsenen genauso viel Spaß machen wie Kindern. Portionieren Sie die Burger kleiner und servieren zwei kleinere statt einem. An einer Selbstbedienungsstation für Zutaten und Gewürze können sich die Gäste ihren Burger individuell zubereiten. Erwachsene werden die kleineren Portionen begrüßen und die Kinder werden Spaß beim Essen ihrer neu gestalteten Lieblinge haben. Wickeln Sie die Miniburger in Wachspapier – und verwenden Sie der Einfachheit halber das gleiche Papier zum Auslegen der Minisiebe. Füllen Sie diese mit Pommes frites, frisch aus der Küche, und stecken Sie kleine Streuer mit Gewürzsalz dazu.

Das Prinzip von „weniger ist mehr" funktioniert auch für den Tischschmuck. Freundliche Farbtöne geben eine festliche Note und der unkomplizierte Stil passt zum Anlass. Einfaches, derbes Essgeschirr, Besteck und einfache Gläser sind praktisch und genau richtig für draußen.

Ein Terrakottaübertopf *(links)* übernimmt eine Doppelfunktion, indem er das Grillbesteck für den Koch bereithält. **Groß gepunktete Stoffservietten** *(rechts)* werden zu Sets, die jedes Hinterhoffest witzig unterstreichen – und sie sind bunter und kinderfreundlicher als weiße.

Entwerfen Sie eine gastfreundliche Stimmung, indem Sie mehrere Plätze zum Entspannen oder Plaudern einrichten. Mehrere Essstationen halten alles, was die Gäste benötigen, in Reichweite und bieten Ihnen mehr Zeit, die Party zu genießen. Verwenden Sie Emaileimer für Säfte und Wein und halten Sie eine Extrawanne mit Eis bereit, wenn der Tag wärmer wird. Verwenden Sie zusätzliche Picknickbänke als mobile Beistelltische für die Zutaten. Und vergewissern Sie sich, dass genug Terrassenschirme für Tische und Sitzbereiche vorhanden sind.

Emaillierte Metalleimer *(links)* bieten eine einfache Methode, Getränke eiskalt zu halten; am Ende eines Tisches aufgestellt, sind sie immer bei der Hand. Die Flexibilität von Picknickbänken passt hervorragend zu unkomplizierten Grillfesten. **Ein Porzellankrug** *(oben)* hält einen einfachen Blumenstrauß, der frisch im Garten gepflückt wurde.

Bei warmem Wetter will man gerne entspannen; machen Sie es Ihren Gästen besonders leicht, indem Sie besonders einladende Möbel aufstellen. Extra breite Sofasessel geben dem Sonnenbad im Hinterhof eine luxuriöse Note; sie eignen sich auch als kuschelige Plattform für ein Kartenspiel zu zweit. Selbst eine robuste wetterfeste Sitzgelegenheit wird mit weichen Kissen und bunten Überwürfen so weich wie ein eingesessenes Sofa und Sie können einen Tag voll Sonnenschein und leichten Brisen genießen.

Doppelbreite Sofasessel *(links)* mit Handtüchern und großen Kissen aufgepeppt, laden Freunde zum Verweilen ein. Mit **Blumen in Terrakottatöpfen** *(oben)* in Reihen oder Gruppen können Bereiche beim Pool intimer gestaltet werden.

Gestaltungsdetails

Farbpalette

Von den Farbtönen der Wildblumen inspiriert, wird dieses GartenZimmer meist von einer Palette aus Pink und Weiß mit Akzenten von Indigoblau gestaltet. Leuchtende Töne haben eine verspielte Energie, die den Geist des Hinterhofgrillens reflektiert. Draußen darf man leuchtende Farben sorglos miteinander mischen. Genaugenommen glänzen kräftig leuchtende Paletten und Muster – gedämpfte Farben verlieren sich eher – im hellen Sonnenlicht.

Materialien

Teak Im warmen, feuchten Klima Südost-Asiens heimisch, ist Teak ein besonders wasserfestes Holz und eine praktische Wahl für Möbel im Freien. Sein reicher Glanz nimmt durch Alter und Witterung zu, womit es auch die anderen Gartenmöbeln aufpoliert.

Plattensteine Ein idealer Belag für Hinterhöfe und offene Terrassen, weil sie schön und langlebig sind. Die Steine sind hart und brechen in flache Platten, die sich leicht verlegen lassen.

Emailgeschirr Metalgeschirr mit Emailschichten versehen gibt einen Retrolook, der an die amerikanischen Diner der 1950er Jahre erinnert. Emailgeschirr ist auch rostbeständig und hat eine lange Lebensdauer – ideal für Mahlzeiten im Freien und im feuchten Klima.

RUNDGANG

Ein exotischer Innenhof

Innenhöfe wurden entworfen, um der Hitze zu entfliehen. Sie sind perfekte Essplätze für Mittagessen in der Sonne oder zwanglose Abendessen mit Freunden. Tropische Pflanzen, klassische Möbel und Accessoires in lebhaften Farben machen das meiste daraus.

Durch die Ungestörtheit und den Schutz von vier Wänden fällt ein Innenhof irgendwo zwischen drinnen und draußen: Dadurch ist er sowohl für Inneneinrichtungen als auch für stärkere Gartenmöbel geeignet. Da der Hof zwischen den Innenräumen liegt, funktioniert er als lebendige Austauschzone für Innen- und Außenbereiche. Ein Innenhof kann so wie hier auch als Haupteingang dienen, der Gäste in einem eingeschlossenen Bereich mit hohen tropischen Pflanzen willkommen heißt, eine Oase zwischen Vordertür und Straße.

Nutzen Sie dieses GartenZimmer voll aus und möblieren Sie es wie seinen Gegenpart im Haus – als eleganten Essbreich mit einem runden Tisch und Stühlen mit Überzügen, als ungezwungenes Wohnzimmer mit gepolstertem Sofa und ein paar Ohrensesseln oder als gemütlichen Frühstückswinkel mit einem Tisch für zwei. Verwenden Sie unerwartete Akzente, wie z. B. die grob gerippten Gurte auf jedem Stuhl, um dem Raum einen Charakter hinzuzufügen. Das erfrischende Zusammenspiel von Blau, Grün und Aquamarin vom Tischgedeck bis hin zu den Glaslaternen unterstützt den kühlenden Effekt eines Innenhofs. Viele Pflanzen und schattige Bäume bieten eine üppige Pause von der Hitze.

Feine Stühle und ein Kalksteintisch *(links)* haben wetterfeste Plastiküberzüge (verstaut werden sie einer Tonne daneben), um sie vor Regengüssen zu schützen. **Hauswurz in Kerzengläsern** *(rechts)* bei jedem Tischgedeck harmoniert mit dem umgebenden Design.

Einige große, feststehende Teile in diesem Außenraum formen ein Fundament fürs ganze Jahr, das man einfach zur jeweiligen Jahreszeit oder dem Anlass entsprechend dekorieren kann. Neue Überzüge für die Stühle oder eine komplette Stiländerung geben dem Innenhof ein neues Aussehen . Größere Möbel wie dieser Kalksteintisch passen am besten zu Einrichtungen im Freien, wo sie nicht mit anderen Einrichtungsgegenständen konkurrieren müssen und wo ihre stattliche Größe in Proportion zu den Bäumen und dem Himmel steht. Eine solider türkischer Ölkrug ist zwischen den hohen Pflanzen und den von Bougainvillea umrahmten Mauern perfekt am Platz.

Ein **großes, geflochtenes Tablett** *(oben)* ist ein hilfreicher Träger für das Tischgedeck. Auf dem großen Tonkrug abgestellt funktioniert es als Anrichte. **Ein hellgraues Leinentischtuch** *(rechts)* verbindet die gedämpften Paislyservietten mit den kühlen Aquamarintönen der Gläser am Tisch.

Ebenso wie Stoffe und Akzente drinnen verwendet werden, runden Pflanzen auch das Aussehen eines Außenraumes ab. Eine Mischung aus Topf- und Beetpflanzen macht eine „Umgestaltung“ einfacher, wann immer man Lust dazu hat. In diesem Innenhof wirkt der lebende Vorhang der Bougainvillea wie ein Lieblingsbild über dem Kamin. Arrangieren Sie Pflanzen von hoch zu niedrig, um Tiefe und Struktur zu erhalten. Mit einer Sammlung Topfpflanzen können Leerräume an Wegen und in Ecken gefüllt werden.

Ein schattiger Essbereich *(links)* wird von einem Bogen Bougainvillearanken und einem Baldachin aus Bananenblättern umrahmt. **Ein silberner Eiskübel** *(oben)* steht zur Kühlung des Weines in einem nahen Springbrunnen.

Gestaltungsdetails

Farbpalette

Wenn Sie die pulsierenden, verführerischen Farben des Mittelmeeres lieben, verwenden Sie Aquamarin und Grün, um einem Innenhof eine energetische Inselatmosphäre zu verpassen. Verwenden Sie Spuren von hellem Grau und Weiß, um auch die Erdtöne dieser sonnengebleichten Region einzubringen. Dieser Innenhof bietet einen neutralen Hintergrund, auf dem die blau-grünen Akzente wie Sonnenstrahlen im Wasser schillern.

Materialien

Bougainvillea Auch bekannt als „Papierblume“, ist eine holzige Kletterpflanze die in den Schattierungen Rot, Pink, Orange, Gelb und Weiß blüht. Sie gedeiht am besten im warmen Klima, kann aber auch in kälterem Klima im Topf gezogen werden und im Sommer nach draußen gestellt werden.

Bananenpflanze Als Mitglied der Faserpflanzen ist die Banane eher ein mehrjähriges Kraut als ein Baum. Sie gedeiht im warmen tropischen Klima und ihre Blätter können bei starkem Wind beschädigt werden, wodurch sie ideal für Innenhöfe geeignet ist.

Sukkulenten Dickblattgewächse sind sehr genügsam, winterhart und leicht zu pflanzen, da sie wenig Erde benötigen, man kann auch mehrere Sorten in einem Topf setzen.

Frühstück am Steg

Genießen Sie an der frischen Herbstluft ein rustikales Frühstück. Bauen Sie in einer Hütte am See ein Frühstücksbüffet auf und dekorieren Sie es in fröhlichen Farben.

In einem GartenZimmer, das den Komfort einer Blockhütte bietet, können Sie einen ruhigen Moment mit Kaffee und Zeitung genießen oder Ihren Freunden ein herzhaftes Frühstück auftischen. Mit den Annehmlichkeiten der Hütte und der Behaglichkeit von warmen Decken können Sie ein kuscheliges Frühstück in einer rustikalen Zuflucht auskosten. Bringen Sie die Zutaten für ein Frühstücksbüffet direkt ans Fenster, wo ein antikes „Hausmannskost"-Schild auf Scharnieren am Küchenfenster als Ablage hängt. Danach hängt es als Einladung fürs nächsteTreffen unter dem Fenster.

Kräftige rote Akzente *(links und rechts)* kontrastieren das sanfte, verwitterte Holz. Ein **Büffet** *(oben)* ist an einem Durchreichefenster zur Küche eingerichtet. Ein antikes Schild dient als Ablage.

Einen Tisch im Freien decken

„Dinieren al fresco" bedeutet Essen an der frischen Luft, was nicht „primitiv leben" heißt. Um eine Tafel so frisch wie die Natur selbst zu erleben, vergessen Sie Papierservietten oder Plastikgeschirr und entwerfen Sie ein Arrangement mit derselben Eleganz und Komfort wie im Haus. Wichtig ist Beweglichkeit, verwenden Sie Behälter und Tabletts, die leicht zu bepacken sind. Wählen Sie Farben, die zur Lebendigkeit der Landschaft passen. Mischen Sie Deftiges mit Elegantem, sodass die Sonne einen fein geschliffenen Glaskrug an dem einen und gesprenkeltes Email an dem anderen Ende der Tafel bescheint! Es ist Sommer, also lockern Sie die Regeln und haben Sie Spaß dabei.

Gesprenkeltes Emailgeschirr *(oben)* verleiht jedem Essen eine ungezwungene, rustikale Note. Für den Frühstückstisch kombinieren Sie verschiedene Kaffebecher mit Stoffservietten und Emailgeschirr zu einem Gedeck, das fröhlich wirkt. und praktisch ist . **Einen Akzent mithilfe von Geschirrtüchern** *(rechts)* kann man setzen, indem man einen Eiskübel umwickelt oder sie als Platzdeckchen verwendet. Hummer essen kann eine ziemlich unordentliche Angelegenheit sein – Sie werden diese „Dekortücher" gerne als Servietten oder Lätzchen verwenden.

Emailschüsseln *(links)* als Brotzeitkörbe sind groß genug, um ein komplettes Picknickmenü aufzunehmen: Truthahnbaguettes, Getränkedosen, Früchte zum Dessert und das Besteck. Eine Leinenserviette, zur Sicherung um die Zutaten gebunden, gibt jedem Korb zusätzlich noch einen Henkel. **Ein geschichteter Caesarsalat** *(unten)* wird hier auf einem quadratischen Tablett präsentiert; das Dressing ist am Boden der Schüssel, die von Salatblättern gekrönt wird. Ein erster Gang, der einfach zu servieren und zu essen ist. Kreative Menüs für draußen müssen nicht immer das übliche Picknickessen sein.

Ruhen

Nur wenige Dinge sind so beruhigend und sanft wie ein friedliches Nickerchen; besonders wenn Sie es in einer Hängematte unter einem Blätterdach verbringen. Es gibt aber auch das Einlullen von brechenden Wellen am Strand oder die Spannung, eine Sternschnuppe zu entdecken, während man sich in seinen Schlafsack kuschelt. Warum machen Sie sich nicht mit solchen aufbauenden Vorstellungen im Kopf auf die Suche nach einem friedlichen Pätzchen im Freien, wo Sie sich eine Lese- oder Nickerchenecke einrichten können?

Eine ruhige Stunde in der Hängematte oder auf sanftem Gras im Schatten eines Baumes kann so erholsam sein wie ein Nachmittag im Kurbad.

Suchen Sie zuerst einen Ort, der Ihnen das Gefühl gibt, weitab des Weltgeschehens zu sein: einen schattigen Flecken am Ende des Hinterhofes, ein abgeschiedenes Eckchen im Garten, eine mit Geißblatt verwachsene Veranda oder einen Balkon, der von hohem Bambus eingerahmt ist. Dann brauchen Sie einen kleinen Unterschlupf für Ihren Schlafplatz, der Sie vor den störenden Geräuschen der Umwelt abschirmt. Bäume sind wunderbare Puffer gegen Straßenlärm und bieten Schutz gegen die Mittagssonne. Oder stellen Sie einen Marktschirm auf, der den gleichen Zweck erfüllt und gleichzeitig den Platz definiert. Dichte Gardinen an Ästen oder einer Wäscheleine erzeugen auch Schatten und bilden zugleich eine zarte Abschirmung zum Rest der Welt.

Das perfekte Frischluftbett zu finden ist der nächste Schritt. Entspannen Sie auf einer riesigen Decke, einer faltbaren Liege oder einem richtigen Tagesbett. Eine Luftmatratze oder ein Gästeklappbett mit Rollen kann man leicht nach draußen bringen, aber es ist noch einfacher, die Kissen von einem Sofa zu verwenden und sie für ein Nachmittagsschläfchen in die Wiese zu legen. Wählen Sie das Bettzeug mit der gleichen Umsicht wie für den inneren Ruhebereich aus. Nehmen Sie aus robuste, sonnenfeste Stoffe und weiche, abnehmbare Kissen- und Deckenbezüge, die Schmutz aushalten und in der Maschine gewaschen werden können. Stellen Sie ein tragbares Stereogerät auf einen Beistelltisch für beruhigende Musik oder Sportübertragungen. Ein Bündel getrockneter Lavendel in der Nähe sorgt für eine entspannende Dosis Aromatherapie und ein Moskitonetz schafft ein friedvolles Gefühl. Hängen Sie Taschenlampen oder eine Laterne zum Lesen auf und legen Sie einen Teppich auf. Welche Möbel oder Bequemlickeiten Sie auch wählen, gestalten Sie Ihr Freiluftrefugium so minimal wie möglich, damit Sie den Ausblick genießen können. Die Grundidee ist nämlich: zurück zur Natur.

R U N D G A N G

Eine Veranda fürs Nickerchen

Wenn das warme Wetter kommt, unterzieht sich die Veranda ihrer jährlichen Verwandlung in ein einladendes Freiluftwohnzimmer. Machen Sie daraus einen Platz, an dem man einem Nachmittagsnickerchen nicht widerstehen kann und Freunde sich gerne an einem lauen Abend aufhalten.

Veranden werden oft mit ausrangierten Vorzimmermöbeln – ein bisschen ausgefranzt an den Ecken, wenig komfortabel und altmodisch – ausgestattet. Aber sie verdienen Besseres. Eine Veranda ist oft der beste Raum, den ein Haus zu bieten hat. Frei zur Sonne und doch geschützt vor Regen, ist die Veranda eine entzückende Kombination rein fürs Vergnügen gebaut – ein Zimmer nicht nur mit Aussicht, sondern mit einer Rundumsicht, nicht nur mit einem Fenster, sondern ein Zimmer im Freien. Weil die Veranda rundherum geschützt ist, ist sie der perfekte Platz, um eine Entspannungszone für die Sommerlektüre oder eine Ecke mit komfortablen Sofas zum Faulenzen einzurichten.

Man kann statt der klassische Verandaschaukel auch eine weiße Hängematte aufhängen. Mit Kopfstützen, die an der Hängemattenleiste befestigt wurden, ist dieses zeitlose Design als Ruheplatz oder als Platz, um sich die Zeit mit einem Freund zu vertreiben, kaum zu übertreffen. Ein aufgehängter Korb als Beistelltisch hält Zeitungen, Bücher oder Getränke bereit. Lichter sind auf der Veranda nicht unbedingt erforderlich. Doch eine angeklippte Leselampe ist willkommen, um auch nach Sonnenuntergang lesen zu können.

Ein hängender Korb *(links)* mit einem Seil an die Decke gebunden ist eine verandataugliche Alternative zum Beistelltisch. **Allwetter-Kissen** *(rechts)* inklusive Nackenrolle bringen viel Bequemlichkeit in die klassische geknüpfte Seilhängematte.

Ein Ecksofa, das gegenüber der Hängematte aufgestellt wird, bietet einen tollen Platz zum Lesen, Briefeschreiben oder dazu, gemeinsam mit einem Freund die Füße hochzulegen. Dieses Sofa aus behandeltem Seegras eignet sich für drinnen und draußen. Boden und Decke wurden mit dem klassischen Hellblau gestrichen, das Motten und andere Insekten von der Veranda fernhalten soll. Ein Vorleger aus Sisal hilft zusätzlich, den Raum zu definieren, und passt farblich zur Seegrascouch. Im Sammlerrahmen als Beistelltisch können Sommerandenken ausgestellt werden und die Zeitschriften haben in der Ablage darunter auch noch Platz.

Ein Sammlerrahmen aus Holz *(oben)* wurde auf einem passenden Tisch befestigt, um Lieblingspostkarten und Fotos aufzubewahren. **Eine emaillierte Hängelampe** *(rechts)* ist in diesem teilverbauten Raum geschützt und erhellt die Veranda auch nach Sonnenuntergang.

Im Garten gepflückte Blumen, die im Haus aufgestellt werden, helfen die Grenzen zwischen drinnen und draußen zu verwischen. Hier wurden dutzende pflegeleichte Petunien entlang der Verandaumfassung aufgestellt, um den Übergang noch fließender zu gestalten. Die Töpfe in verschiedenen Blautönen, passend zum Verandaanstrich, geben dem Raum den Hauch eines formellen Empfangssalons. Blau ist für seine beruhigenden Qualitäten bekannt und ist daher die ideale Wahl für jeden Ruheplatz.

Petunien *(links)* bilden einen flatternden Saum aus Weiß, Rosa und Lavendel entlang der Verandabrüstung. **Ein Vogelkäfig** *(oben)* gibt ein witziges tragbares Heim für ein Kerzentrio.

Gestaltungsdetails

Farbpalette

Die Palette aus Elfenbein, blassem Blau und Marineblau gibt der Veranda im Sommer eine kühlende Atmosphäre. Der hellblaue Fußboden hebt sich gegen die elfenbeinfarbenen Wände ab und hat einen beruhigenden Effekt auf den ganzen Bereich. Abgestimmte Blumentöpfe, Marinestreifen auf Kissen und marineblaue Accessoires ergeben frische Abwandlungen im Farbthema. Verwenden Sie diese reinen Blautöne überall, wo Sie die Hitze mit kühlen Meeresbrisen bekämpfen wollen.

Materialien

Petunien Robust und leicht zu ziehen, blühen Petunien den ganzen Sommer lang. Eine einzige Pflanze kann hunderte Blüten hervorbringen und ihr volles Blattwerk macht sie zu einer perfekten Topfpflanze. Verwenden Sie Petunien für einen niedrigen Schutzwall auf der Verandaumfassung.

Seegras Ist ein kommerziell gezüchtetes Wassergras mit einer starken Faser. Verwobene Seegrasmatten sind sogar mit starker Nässe strapazierfähig; daher eignen sie sich für stark frequentierte Bereiche wie Veranden, Eingänge und Vorzimmer.

Bootslack Dieser fleck- und wasserresistente Anstrich eignet sich besonders für stark frequentierte Böden oder Holzbauten im Freien. Es gibt ihn in Volltönen von matt bis hochglänzend. Er ist besonders dick und sollte nur auf ganz trockenem Untergrund aufgetragen werden.

RUNDGANG

Tagesbett im Schatten

Wer sehnt sich an einem warmen Sommernachmittag nicht nach einem ruhigen, schattigen Platz zum Entspannen? Lassen Sie sich von der klassischen Schlafveranda inspirieren und möblieren Sie ein GartenZimmer mit dem Komfort eines Gästezimmers und dem altmodischen Reiz einer Gartenlaube.

Für viele von uns bringt der Sommer mehr als nur warmes Wetter und Zeit für Urlaub; er bringt auch Besuche von Gästen, die geplant werden wollen. Mit jeder Dachkonstruktion, die Schatten spendet, wird eine Veranda zur ultimativen Zuflucht im Freien und zu einem perfekten Platz zum Lesen, für Besuche oder einfach nur zum Ruhen. Erweitern Sie den Begriff einer Schlafveranda und entwerfen Sie ein verführerisches Versteck für Familie oder Gäste.

Suchen Sie im Haus ein paar Luxusgegenstände wie z. B. einen großen Spiegel, Flohmarktbilder und Möbel, die vielseitig genug sind, den Übergang von drinnen nach draußen zu vollziehen. Ein Badezimmerschränkchen passt auf die Veranda, weil es feuchtigkeitsbeständig ist. Ähnlich ist es mit laminierten Stapelstühlen – sie ertragen Feuchtigkeit und können an Regentagen leicht verstaut werden. Als bequeme Sitzgelegenheit für draußen montieren Sie an einem Tagesbett Rollen. Das von den Franzosen im 17. Jhdt. erfundene Tagesbett hat großzügige Ausmaße, die sowohl zum Sitzen als auch zum Ruhen einladen. Stellen Sie das Bett in die Mitte des Raumes zum Faulenzen mit Ihren Gästen oder für eine ruhige Lesestunde.

Duftende Glyzinienblüten *(links)* bringen luxuriösen Duft und Schatten in ein GartenZimmer. **Ein gepolstertes Tagesbett** *(rechts)* im Zentrum des Raumes lädt Gäste zum Rasten ein. Mit Rädern an jedem Bein kann es bei unfreundlichem Wetter leicht hineingerollt werden.

Die Wahl einer rein weißen Palette hat viele Vorteile für eine Verandaeinrichtung. Jedes einfarbige Schema erzeugt einen unkomplizierten Hintergrund, aber Weiß fügt noch eine kühlende, luftige Note hinzu und lässt den Raum größer erscheinen. Außerdem praktisch: Weiße Stoffe verblassen nicht und lassen sich leicht waschen und bleichen. Um ein ganz weißes Tagesbett interessanter zu machen, schichten Sie weiche Texturen übereinander. Setzen Sie zarte Farbakzente aus Garten und Himmel mit Bildern, Kissen und Überwürfen.

Verschiedene Bettdecken *(links)* sind ein faszinierender Mix von verschiedene Texturen, verbunden durch eine weiße Palette. **Laminierte Stühle und ein Bad-Schränkchen** *(oben)* mit Glastüren verwandeln eine Veranda in einen bequemen Platz zum Abschalten.

Gestaltungsdetails

Farbpalette

Lassen Sie sich von der Natur inspirieren und statten Sie ein GartenZimmer in reinem Weiß, kräftigem Laubgrün und dem hellen Blau des Sommerhimmels aus. Weiß kann Schattierungen von Rosa bis zu Blau- und Grautönen annehmen. Hier steht Weiß im Kontrast zum Grün des Gartens und unterstreicht die unterschiedlichen Texturen des Bettzeuges. Gegen einen weiß gestrichenen Boden scheinen weiß bezogene Möbel zu schweben.

Materialien

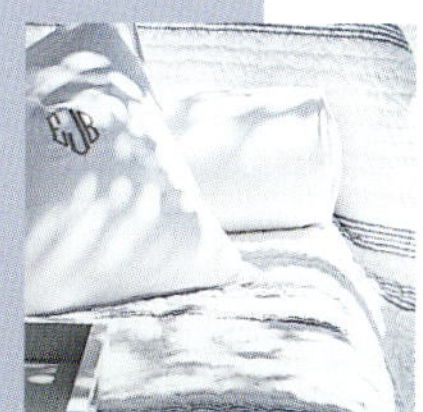

Baumwolle Dieser leichte Stoff wird aus gesponnen Fasern der Baumwollsamen gewoben. Von Überwürfen bis zu Bettbezügen ist die atmungsaktive, waschbare Baumwolle ein idealer Ganzjahresstoff. Langfasrige oder ägyptische Baumwollsorten sind die weichsten zum Schlafen.

Glyzinie Der perfekte Baldachin für eine Schlafveranda. Bei Tag schützt sie vor Sonnenlicht und bei Nacht blitzen die Sterne durch. Diese Kletterpflanze gedeiht in direkter Sonne und ist im Frühsommer übersät von duftenden Blüten.

Buchsbaum Dieser dichte, immergrüne Strauch mit seiner Fülle an dunkelgrünen, ovalen Blättern ist perfekt, um Einfriedungen für GartenZimmer zu schaffen. Er wurde früher für Irrgärten getrimmt und macht sich heute noch hübsch am Wegrand.

DESIGNIDEEN

Einen Ruheplatz im Freien einrichten

Im Gras entspannen oder beim Wasser dösen muss nicht an die aufgenötigte Mittagsruhe der Kindheit erinnern. Suchen Sie im Garten nach Ihrem persönlichen Platz zum Faulenzen. Mit Decken und Kissen aus dem Schlafzimmer und ausreichend Lesestoff campieren Sie einen Nachmittag lang. Machen Sie das Sofa für einen Tag zu Ihrem Freilufthauptquartier, um beim Zeitunglesen in ein Nickerchen zu gleiten. Bekämpfen Sie unebenes Terrain und Insekten mit einer Campingliege und fügen Sie ein wenig Luxus mit einem Vorhang hinzu, den Sie an einem Ast befestigen. Suchen Sie einen Ausblick im Garten und hören Sie wieder einmal Radio oder genießen Sie die Aussicht mit einem Freund.

Hauchdünner Organdy *(oben)* gibt einen hübschen Schmuck für einen Sommergarten. Tagsüber schenkt er Ungestörtheit und Schatten. Nachts schimmert er durch Laternen oder Feenlichter. **Ein Kieselstein** *(oben)* hält einen Vorhang an seinem Platz und sorgt für eine Balance zwischen rustikal und häuslich. **Ein Campinghocker** *(rechts)* funktioniert als tragbarer Zeitungsständer für einen Leseplatz. **Eine überzogene Bank** *(gegenüber)* in einer sonnigen Ecke des Gartens ergibt einen Sitzplatz, der Besucher einlädt, den ganzen Tag zu bleiben.

AN UNLIKELY HERO. SEABISCUIT
AMERICA. AN UNGAINLY, STUBBY
SOME SAID WOULD NEVER AMOUNT
AN AMERICAN LEGEND.
FOLLOWING SEABISCUIT'S
WITH WAR ADMIRAL AND
SANTA ANITA.
RETIRE ON HIS
COUNTY.

Feiern

Eine Party unter den Sternen gibt das Versprechen magischer Erinnerungen. Vom Sonntagsbrunch zum Abendessen für zwanzig: Einer der größten Vorteile einer Feier im Freien ist das großzügige Platzangebot. Die Gäste können sich freier bewegen und unterhalten – vorausgesetzt, das Wetter spielt mit. Und weil die Stimmung draußen unbeschwert ist, scheint es einfacher, eine große Gruppe zu unterhalten, auf Details zu verzichten und selbst Spaß zu haben.

Beim Planen der Feier untersuchen Sie den vorgesehenen Platz und überlegen Sie, welche Möbel und Zubehöre sie benötigen werden und welche Teile einfach flink umgestaltet werden können. Am besten sind leichte, tragbare Möbel wie: Regiestühle, Klapptische, Vorleger und übergroße Kissen. Eine Veranda oder ein sonniger Hinterhof verlangen den Luxus ordentlicher Stühle aus dem Esszimmer oder Polstermöbel, die aus dem Wohnzimmer stammen. Eine große Party mit Möbeln auszustatten erfordert oft kreatives Denken, aber draußen wird der Geist automatisch beflügelt. Ein verwitterter Picknicktisch bekommt neues Leben, wenn er mit Stofftischtüchern bedeckt wird; alte Holzgartenstühle erhalten mit einem raschen Anstrich und bunten Kissen ein frisches Aussehen. Holen Sie aus dem Haus, was den Elementen trotzt und den Platz gemütlich macht. Emailgeschirr ist z. B. ein strapazierfähiges Gedeck. Segeltuch und Twill sind feine, waschbare Stoffe. Korbsessel können von der Terrasse als zusätzliche Sitzgelegenheiten in die Wiese gestellt werden.

Wenn Sie am Abend feiern wollen, wählen Sie eine Beleuchtung, die Licht gibt und auch die Stimmung erhöht. Feenlichterketten auf einer Hecke oder auf einer Pergola spenden ein zartes Licht, während Laternen an der Verandabrüstung oder an einem Ast heller leuchten. Kerzen in Windgläsern verleihen dem Fest eine dramatische Stimmung und Feierlichkeit.

Der Himmel bildet die Grenze, wenn es um das Dekorieren von Partys im Freien geht. Schmücken Sie den Tisch mit Kräutern, Muscheln, Herbstblättern, Platzkartenhalter aus Eicheln oder mit frischen Blumen. Füllen Sie Schalen mit Sand oder Kies, um dicke Kerzen zu verankern. Jeder Akzent, der die Aufmerksamkeit der Gäste auf die Umgebung lenkt, lässt diese sicher bis lange in die Nacht verweilen.

Feste im Freien fordern zu besonderer Kreativität heraus. Feiern Sie einen besonderen Anlass in festlicher Austattung und man wird sich noch lange daran erinnern.

Topo Chico

RUNDGANG

Ein Fest bei der Scheune

Eine große Gruppe zu unterhalten verlangt oft ein wenig Genialität. Wenn Sie ein Essen für viele planen, bietet ein Bauernhof viel Platz und sorgt auch für Überraschung: Biertische mit Stofftischtüchern und Heuballen als Bänke für ein Scheunenfest mit modernem Pepp.

Manchmal ist es der erste warme Tag, der zu einem Treffen im Freien inspiriert. Feiern Sie die Jahrszeit und planen Sie ein Fest rund um die frische Anziehungskraft des Landlebens. Mit der richtigen Mischung aus Wildblumen, bunter Tischwäsche und tragbarem Zubehör kann eine rustikale Scheune zum Hintergrund für ein denkwürdiges Fest mit Freunden werden.

Beim Feiern sind die Möbel weniger interessant als die Details, die sie aufputzen. Normale Biertische bieten genug Platz für eine große Versammlung und ihre funktionellen Unterteile können mit einigen Metern schokoladebraunem Leinen verdeckt werden. Strohballen geben eine witzige Ergänzung, wenn Sie an jeder Tischseite aufgereiht werden. Entweder man lässt sie, wie sie sind, oder legt ein Kissen auf jeden Platz. Die Ballen haben die perfekte Größe, um einer Reihe von Gästen Platz zu bieten, und sie passen zur Szenerie. Zerbrechliches Geschirr ist nicht immer fürs Essen im Freien geeignet. Warum ersetzen Sie die Teller nicht durch bunte, verschließbare Essboxen? Diese pfiffigen Alternativen können befüllt, gestapelt und leicht aus der Küche zum Tisch getragen werden.

Mitnahmekartons von Restaurants *(links)* in Schwarz und Weiß geben der ländlichen Szene einen urbanen Hauch. Das Essen in stapelbaren Boxen vekürzt auch die Abräumzeit. **Rote Emaillaternen** *(rechts)* finden einen originellen Platz auf einem Rechen aus der Scheune.

Es macht Spaß, die Umgebung einer Scheune mit Details zu schmücken, die das Ländliche mit städtischer Kultiviertheit vermischen. Dieses Gedeck bietet alle Annehmlichkeiten von Wegwerfgütern mit doppelt soviel Stil. Einem Leinentischtuch wurde ein weißer Streifen direkt auf die Mitte genäht. Rote karierte Geschirrtücher – als Servietten – und leuchtende Acrylbecher verleihen fröhliche Farbakzente. Stellen Sie noch eine neue Schubkarre als mobilen Eiskasten auf und eine alte Werkzeugkiste für Gewürze oder Kaffee und Dessert. Vervollständigen Sie das Arrangement mit einem Kofferradio, der auf einen Regionalsender eingestellt wird.

Brandneue Malpinsel *(links)* wurden auf jeden Platz der Gäste gelegt, um Stroh aus der Kleidung zu bürsten. **Ein Schubkarren** *(oben)* als Eiskasten führt kaltes Bier und prickelndes Wasser.

Gestaltungsdetails

Farbpalette

Neutrale Farben wie Braun, Weiß und Schwarz wirken „natürlich“: Sie sind beruhigend und stammen direkt aus der Natur wie Holz, Steine und Erde. Verwenden Sie eine Palette von natürlichen Farben, wenn Sie einen leuchtenden Akzent hervorheben wollen – so wie hier braunes Leinen die roten Akzente betont – oder zum Rahmen eines Zimmerausblicks; gedämpfte Töne und einfaches Schwarzweiß geben den besten Hintergrund für leuchtende Töne.

Materialien

Myrte Immergrüner Strauch, bis zu 3,5 m hoch, ist eine wunderbare Hecken- und Mauerpflanze, um einen bestimmten Bereich draußen zu definieren. die langen dunkelgrünen Blätter sind glänzend und mitten im Sommer bekommt sie stark duftende, weiße Blüten

Rohleinen Langlebiger Stoff aus den Fasern der Flaxstängel gewonnen, Leinen ist doppelt so lange haltbar wie Baumwolle und durch das Wachs der Faser glänzender. Die Fäden von Rohleinen sind unterschiedlich stark, wodurch das Gewebe eine unregelmäßige Oberfläche bekommt.

Oleander Attraktiver, immergrüner Strauch, bis zu 3 m hoch. Blüht vom Sommer bis Mitte Herbst in vielen Farben von cremigem Gelb über Rosa bis Rot. Oleander ist giftig, Vorsicht beim Aufstellen an Plätzen mit Kindern oder Haustieren!

RUNDGANG

Ein glänzender Patio

Das Schönste an einem Patio ist, dass er die Grenzen zwischen drinnen draußen verwischt. Betrachten Sie Ihren Innenhof als natürliche Erweiterung Ihres Wohnzimmers ins Freie; ausgestattet für verschiedene Anlässe: glamouröse Cocktails oder ruhiges Faulenzen.

An einem prachtvollen Nachmittag wird ein Patio zur reizenden Alternative zum Wohnzimmer – ein Platz zum Zeitunglesen, Entspannen mit der Familie oder um Cocktails mit Freunden zu genießen. Er ist sehr vielseitig und verwandelt sich rasch von einem Ruheplatz in einen idyllischen Flecken zum Essen oder Feiern. Suchen Sie Möbel aus, die diese Flexibilität steigern und die einfach umgestellt werden können, um verschiedene Sitzarrangements zu kreieren. So werden ein Lehnsessel und eine Ottomane zu einer Chaiselongue zusammengeschoben oder sie werden als Sessel und Kaffeetisch eingesetzt.

Wenn Sie solch einen Innenhof möblieren möchten, wählen Sie Hölzer, die schön verwittern, und denken Sie an den natürlichen Bleicheffekt der Sonne. Teak z. B. ist ein tropisches Hartholz mit hohem Ölanteil und daher eines der besten Hölzer für Gartenmöbel. Mit der Zeit verblasst Teak zu einem goldigen Braun mit silbrigen Effekten. Zubehör und Akzente sollten ebenfalls langlebig und resistent gegen Ausbleichen sein. Waschbare, dichte Materialien wie Twill oder Segeltuch trotzen den Elementen und dennoch erinnert ihre Sanftheit an die gemütliche Sensibilität eines Patios.

Die breite Armlehne des Lehnsessels *(links)* ist perfekt für einen frisch geschüttelten Martini und als Ablage für Spielkarten. **Ein Cocktailtablett** *(rechts)* aus dunklem Holz bietet einen schönen Kontrast zum hellen Holz und hält Getränke, Snacks und Spiele bereit.

Dieses GartenZimmer ist durch drei Außenmauern und den Rasensaum klar definiert. Die Pergola darüber umschließt den Platz zusätzlich und stützt die Kletterpflanzen. Verstellbare Hängelampen vertragen Hitze und Feuchtigkeit besser, da sie für Küchen gemacht wurden. Die wohnlichen Möbel tragen den Komfort von drinnen nach draußen, aber die Pflanzensammlung verbindet den Platz mit seinem Umfeld. Eingetopfte Zitronen- und Olivenbäume und hohe weiße Töpfe mit Neuseelandflachs spiegeln die Landschaft wider. Bougainvillea und Klettererbsen rahmen den Raum und bringen die prächtigen Farben des Gartens in den Patio.

Eine Gruppe von Teak-Clubsesseln *(links)* bildet einen flexiblen Platz zum Feiern. **Reihen von Pflanzen** *(oben)* von geschnittenen Stängeln in schönen Flaschen bis zu Neuseelandflachs in hohen Töpfen dienen als bewegliche „Mauern" für zusätzliche Ungestörtheit – wenn nötig.

Gestaltungsdetails

Farbpalette

Entweder leicht und honigfarben oder tief und erdig, Braun hat eine nette Art, kräftige Farben der warmen Seite der Farbskala abzusetzen. Auf diesem Patio geben das Nussholz der Zierleisten und die Honigtöne der gesandeten Teakmöbel den Hintergrund für das Rot der Bougainvillea und das Grün der Klettererbse. Wie unpassend das Trio auch scheint, der Mix wirkt, weil die neutralen Holztöne die leuchtenden Farben der Blumen grundieren.

Zimmerplan

Weil GartenZimmer meist ohne Vorhänge, Teppiche und Tapeten auskommen, nehmen Sie ihre Farbpalette von den umgebenden Pflanzen und Materialien, woran man denken sollte, wenn man strukturierte Materialien, Blumen und Sträucher aussucht. Pflasterungen aus Feldsteinen, Schiefer oder Kies neigen eher zum kühleren Ende der Farbskala, während Teak, Sisal und Korbweide eher wärmer sind. Hier halten weiße Stukwände und ein Boden aus Gussbeton alles in Balance, von leuchtenden „Vorhängen" aus kletternden Ranken bis zu den Fransen des grünen „Rasenteppichs".

Materialien

Teak Ein rötlich-blondes Holz, das unbehandelt silbrig verwittert; wird es aber versiegelt, behält es die Originalfarbe.

Neuseelandflachs Eine stattliche Pflanze mit über 2 m langen, schmalen Blättern, die immer ihre Form behält. Sie ist sehr pflegeleicht

Twill Durch die schräge Köper-Webart entstehen stabile, weiche Gewebe. Sonnenbehandelte Twills passen am besten zum Gebrauch im Freien.

Abendessen im Sommer

Im Freien zu essen ist etwas Spektakuläres. Eine zwanglose Sammlung von Stühlen und ein wenig Kerzenlicht sind alles, was Sie für ein einzigartiges und bequemes Abendessen im Freien benötigen.

Vielleicht ist es das Zusammenspiel von Kerzenschein und Sternenlicht, das den Eindruck unendlicher kreativer Möglichkeiten vermittelt, wenn man im Freien feiert. Die Abwesenheit von erkennbaren Grenzen erlaubt der umgebenden Landschaft die Atmosphäre beizusteuern. Wie der dramatische Ausblick auf einen Berg oder einen wunderschönen Garten – ein hier gedeckter Tisch bietet den ankommenden Gästen schon einiges. Hell oder weiß gestrichene Möbel, wie diese unterschiedlichen Stühle, sind ideal, weil sie unter dem Laternen- oder Mondschein zu glühen scheinen.

Einmachgläser *(links)* wurden in einen Baldachin aus Laternen mit Teelichtern verwandelt. **Bestickte Servietten** *(oben)* wurden statt Brotkörben verwendet. **Die Esszimmerstühle** *(rechts)* zeigen drei verschiedene Stile, durch eine Farbe vereint.

Esstische im Freien akzentuieren

Ob Sie eine intime Cocktailstunde oder ein großes Familienfest bewirten: Es ist die perfekte Chance, mit kreativen und unvergesslichen Details den Wert des Gedeckes zu heben. Beginnen Sie mit dem Licht, das die Stimmung und das Thema für das Fest setzt: Papierlaternen sehen verspielt aus, gelochte Kerzenbehälter haben auch ihren Reiz. Als Tafelschmuck stellen Sie Sträuße in Marmeladegläsern neben Teelichter oder wählen Sie eingetopfte Minisukkulenten, die am Ende der Feier von den Gästen mitgenommen werden können. Statt üblicher Platzkarten suchen sie ausgefallenen Ersatz wie alte Postkarten, Polaroidfotos oder Objekte aus der Natur.

Ein Tafelschmuck aus Topfkräutern *(gegenüber)* in einem verzinkten Getränkehalter ergibt einen duftenden Mittelpunkt auf dem Tisch. Die Gäste können sich nicht nur fürs Essen eine frische Garnierung selbst pflücken, sondern nach dem Essen ein Töpfchen für den Garten mitnehmen. **Frischer Lisianthus** *(links)* steht in kleinen Trinkgläsern auf verschieden hohen Glaskerzenhaltern. Am Abend, wenn die Kerzen angezündet werden, stellt man die unkonventionellen Vasen auf den Tisch. **Die Tischtuchbeschwerer** *(oben)* aus alten Miniatur-Portraitrahmen werden mit Bändern an das Tischtuch gebunden. Sie halten das Tischlinnen fest und können zugleich als kleine Aufmerksamkeit an die Ehrengäste eingesetzt werden.

Entspannen

Zeit für Freunde oder auch nur eine ruhige Stunde für sich selbst scheint oft schon ein schwer zu erfüllendes Vergnügen zu sein. Je voller unser Leben wird, umso schwieriger wird es, sich dem Läuten des Telefons und der stapelnden Post zu entziehen. Zum Glück reicht ein gelungener Tag, um uns wieder zur Besinnung zu bringen und uns nach draußen zu locken, wo wir das genießen, was uns nur Sonne, Himmel und eine Brise bringen können: den Klang der Erde und unsere innere Ruhe. Wahre Entspannung als regelmäßige Gewohnheit und nicht nur als seltene Pause braucht eine private, „entfernte Welt" im Freien.

Entwerfen Sie eine Zuflucht entweder im Patio gleich beim Haus oder unter Bäumen im hintersten Winkel des Gartens, die Ihr Bedürfnis nach einer ruhigen Lesestunde, einem Nachmittagsschlaf oder einer Meditationsstunde erfüllt. Wenn es einen Platz gibt, den Sie ständig für sich in Anspruch nehmen können, investieren Sie in ein Tagesbett ihrer Träume. Muss Ihr Lieblingsplatz immer neu eingerichtet werden, verwenden Sie leichte, tragbare Dinge, die einfach über den Rasen transportiert werden können: eine Hängematte, eine aufgerollte Yogamatte mit Kissen, ein Moskitonetz und eine Thermoskanne mit Kräutertee. Zum Markieren Ihres eigenen Platzes umrahmen Sie ihn mit einem Wall aus Lavendel oder Rosenbäumchen. Wenn Sie gerne Gesellschaft haben, pflanzen Sie einen Schmetterlingsstrauch oder stellen Sie ein Vogelbad auf: als akustische Erinnerung, dass Sie in der Natur zu Hause sind.

Bequemlichkeit ist der Schlüssel zur Entspannung, also suchen Sie nach Möglichkeiten für Ihre Annehmlichkeiten. Legen Sie alles zurecht, was Sie für eine ruhige Stunde benötigen könnten: einen Getränkekühler in die Nähe eines Sonnenplatzes, Pullover und Decken in einer Truhe neben dem offenen Kamin im Freien. Bücher und Zeitschriften in einem Handkarren ergeben ein tragbares Bücherregal, das Sie zu Ihrem liebsten Leseplatz ziehen können.

Richten Sie Ihr Nest entsprechend der Tageszeit ein, in der Sie am ehesten entspannen können. Morgens reicht vielleicht ein bequemer Sessel auf dem Rasen mit der Morgenzeitung. Wenn Sie gerne dem Sonnenuntergang mit hochgelegten Füßen zusehen, suchen Sie ein Dach oder eine schattige Veranda mit einem Stuhl und entspannen Sie sich. Folgen Sie einfach dem Rythmus der Natur!

Sich auf den Rhythmus der Natur einzulassen, ist Entspannung pur. Nutzen Sie versteckte Winkel oder ein freies Rasenstück für abgeschiedene Plätze der Muße.

RUNDGANG

Entspannung beim Pool

An langen Sommernachmittagen versammelt man sich am besten mit der Familie und Freunden am Pool. Bequemlichkeit soll das Hauptanliegen sein: Richten Sie ein kleines Büffet mit Snacks und Erfrischungen und laden Sie Ihre Gäste zum Entspannen mit Stil auf edlen Liegen ein.

Endlich Wochenende und das Wetter ist so, wie Sie es schon im Januar erträumt hatten. Zeit zum Entspannen! Schwimmen Sie im Pool, kühlen Sie sich im Schatten ab und beschäftigen Sie sich mit der Familie. Machen Sie Ihren Poolbereich zum beliebtesten Treffplatz. Mit reichlich zu essen und zu trinken, bequemen Clubsesseln und einer entspannten Gastfreundlichkeit, die Ihnen genauso gut tut wie Ihren Gästen.

Für einen sommerlichen Look wählen Sie robuste Gartenmöbel mit klaren Linien und pflegeleichten Materialien. Für eine minimale Instandhaltung wählen Sie wetterfeste Hölzer wie Teak, Redwood oder Nyatoh – sie benötigen keinen Anstrich und verblassen höchstens zu einem goldigen oder grauen Ton. Pools haben normal einen Rand aus Stein oder Beton, den Sie mit weichen Sitzgelegenheiten auflockern können. Überziehen Sie die Polsterung der Liegen mit bunten Frotteeüberzügen aus Strandtüchern. Sie sind leicht zu nähen und weich, trocknen schnell und können in der Maschine gewaschen werden. Sorgen Sie für genügend Ersatzhandtücher, die gerollt als Nacken- oder Rückenstützen verwendet werden können. Versorgen Sie Ihre Gäste mit Flip-Flops, Zeitschriften, Taschenbüchern und Sprühflaschen mit kaltem Wasser – das sind günstige Annehmlichkeiten, die sofort zum Entspannen anregen.

Die Flaschentrage *(links)* aus Draht hält trockene Flip-Flops in verschiedenen Größen beim Pool bereit. **Übergroße Strandtücher** *(rechts)* in Sommertönen werden leicht zu Überzügen für Liegen genäht.

Stehlen Sie ein paar Tipps von den besten Seebädern und bieten Sie Ihren Gästen einen entsprechend einladenden Platz, wohin sie im Verlauf eines langen Badetages flüchten können. Das kann eine Markise beim Haus oder ein freistehender Zeltpavillon sein. Um diesen schattigen Raum wohnlicher zu gestalten, legen Sie einen Sisalteppich auf und stellen Sie Stühle und einen Tisch mit einem farbenfrohen Tischtuch auf.

Kühle Getränken, eine Snackauswahl und ein Platz zum Faulenzen machen jeden Moment am Pool zum Genuss.

Um dem Wochenendansturm zu begegnen, sorgen Sie für genügend Haken für die Handtücher und Ablagen für die Habseligkeiten der Gäste. Hüte, Sonnenschirme, Spiele, Wasserspielsachen und anderes Poolzubehör findet in beigestellten Körben Platz. Decken Sie den Tisch in appetitlichen Farben, die zum Essen passen: ein Krug mit Sangria, Nachos mit Käse und andere Snacks und Erfrischungen für Kinder.

Gefrorene Zitronen- und Limonenspalten *(links)* sind aromatische Eiswürfel zum Kühlen der Getränke. **Papierlaternen** *(rechts)* in verschiedenen Größen erzeugen ein sanftes Glühen und damit eine festliche Atmosphäre.

Für jene, die lesen oder im Schatten rasten wollen, oder für Freunde, die auf der Suche nach Ruhe fernab von den Poolplantschern sind, ist ein Tagesbett aus Nyatoh mit bunten Kissen, genau das Richtige. Hocker und Bänke sind perfekt für einen vielseitig nutzbaren Platz. Sie können als zusätzliche Sitzplätze verteilt, zu Kaffeetischchen zusammengeschoben oder zu einer Anrichte gestapelt werden. Auf farbigen Tabletts können Gläser mit gekühlter Suppe und andere Leckereien direkt aus der Küche an den Pool gebracht werden.

Kissen und Handtücher *(links)* in ihrer frischen Sommerpalette passen zu den lebhaften Farben der Gartenpflanzen. **Tabletts** *(oben)*, lackiert oder aus Plastik, sind leicht zu reinigen und bieten einen leuchtenden Akzent zu den naturbelassenen Holzmöbeln.

Gestaltungsdetails

Farbpalette

Diese Farben erfrischen und beleben ein GartenZimmer der Entspannung. Die lebhaften Schattierungen von Orange und Grün sind natürliche Erinnerungen an Sommergenüsse wie reife Früchte und frisch geschnittenes Gras. Mit Streifen aus frischem Weiß kombiniert enthüllen diese frischen Farben ihre kühle Seite. In den Streifen der Tischdecke weisen sie auf die tropisch fruchtigen Säfte am Tisch hin.

Materialien

Acryl ist so gut wie unzerbrechlich und daher perfekt für draußen. Seine Transparenz lässt es wie Glas aussehen. In vielen Farben erhältlich, ist Acryl als Tischgeschirr für draußen unerlässlich.

Coreopsis sind auffallend gelb und blühen in Fülle den ganzen Sommer lang. Eine gute Wahl für Poolränder und andere offene, sonnige Bereiche. Coreopsis wächst sprichwörtlich wie Unkraut. Attraktive Variationen sind „Badengold" und „Mädchenauge".

Frottee Meist aus Baumwolle und bekannt für seine Weichheit und starke Saugfähigkeit, die durch seine Schlaufenstruktur entsteht. Es lässt sich leicht waschen und trocknet schell, daher ist es ideal zum Beziehen von Möbeln vieler GartenZimmer.

Zuflucht in der Stadt

Ein paar Baumwollteppiche, Kissen und andere Akzente sind alles, was man benötigt, um einen gewöhnlichen Garten oder einen kleinen Stadtinnenhof in eine entspannte Umgebung für eine stilvolle Teeparty für zwei zu verwandeln.

Es kann für Stadtbewohner schwierig sein, eine Zuflucht im Freien zu finden. Aber geteilte Bereiche, wie z. B. eine Dachfläche oder ein Innenhof, werden an sonnigen Tagen zu den wichtigsten Immobilien zum Umgestalten. Bringen Sie Ihre eigenen weichen Utensilien, um eine Kuschelecke einzurichten. Ein fix montierter Tisch kann als zentrale Plattform dienen. Dann bauen Sie rundherum eine niedrige Sitzgelegenheit aus Lagen von Teppichen, Kissen und Decken. Alles aus dieser Zusammenstellung hier kann leicht in Körben abtransportiert werden, inklusive einem kleinen Teeservice im marokkanischen Stil.

Hocker *(links)* im marokkanischen Stil und gesteppte Kissen bieten bequeme Sitzgelegenheiten für improvisierte Partys im Freien. **Kapuzinerkresse** *(oben)* benötigt wenig Pflege und erzeugt eine lebhafte Umrandung. **Teppichlagen** *(rechts)* bilden ein simples Farbthema für diese städtische Zuflucht.

RUNDGANG

Refugium am offenen Kamin

Jeder, der gern den Flammen eines Lagerfeuers zusieht, versteht die Faszination eines Kamins im Freien. Ein Feuer zieht Menschen an und füllt den Raum mit einem einladenden Glühen. Ein Freiluftwohnzimmer mit offenem Kamin sorgt ganzjährig für Entspannung.

Eine offene Feuerstelle ist der perfekte Mittelpunkt für einen Sitzbereich im Freien - egal ob Sie ihn im gemäßigten Klima das ganze Jahr über nutzen können oder ob Sie auch kühle Herbstwochenenden draußen genießen wollen. Wenn Sie von Grund auf neu bauen können, gibt es verschiedene Möglichkeiten: von einer runden Feuergrube aus Stein bis zu einem gemauerten Kamin. Welchen Stil oder Material Sie verwenden, hängt vom Platzangebot und den praktischen Bedürfnissen ab. Wird Ihr Feuerplatz auch zum Grillen genutzt oder ist er nur zum Entspannen gemacht? Wenn ein Neubau nicht möglich ist, gibt es tragbare Terrassenöfen und kleine Aztekenöfen aus Keramik. Hier wurde ein externer Kamin an den Schornstein angeschlossen, an dem auch der offene Kamin im Haus liegt.

Um die Sitzgelegenheit an die jeweilige Jahreszeit anzupassen, wählen Sie natürliche Farben und einfache Materialien. Holz, Zink und Seegras verwittern mit der Zeit zu einer schönen Patina und benötigen nur wenig Pflege. In den heißen Sommermonaten frischen kühle Farben den Platz auf, während erdiges Rot und Cognactöne warm und einladend für den Herbst sind.

Kissen in Herbsttönen *(links)* und schwere Materialien im antiken balinesischen Tagesbett laden zum Entspannen vor dem Feuer ein. **Wetterfeste Segeltuchvorhänge** *(rechts)* mit Metallösen, um sie leicht gegen Sonne und Wind schließen zu können, schwächen auch die harten Linien der rauen Holzrahmen ab.

Statten Sie einen Platz am offenen Kamin mit einer Fülle von wärmenden Utensilien aus. Stapeln Sie üppige Überwürfe und Kissen in schöne Körbe. Legen Sie, wie hier, einen dichtgewobenen Wollkelim aus, der schmutzabweisend ist und von unten wärmt. In den Regalen warten kleine Freuden wie Lesematerial, Becher und Süßigkeiten, die den Gästen ein heimeliges Gefühl geben und dafür sorgen, dass der Raum das ganze Jahr über genutzt werden kann.

Zusätzliche Sitze am Feuer *(links)* und kuschlige Decken sind unerlässlich um die kalte Herbstluft abzuwehren. Unter dem Kaffeetisch steht ein Korb mit Büchern wie eine tragbare Bibliothek, die bequem mitgenommen werden kann. **Geröstete Marshmallows** *(oben)* im Kakao sind in Amerika ein Muss am offenen Feuer.

Gestaltungsdetails

Farbpalette

Ein Raum mit einem Feuerplatz im Mittelpunkt zieht seine Vorteile aus den dunklen Schattierungen von verbranntem Rot und Braun, welche dieselbe Wärme reflektieren wie das prasselnde Feuer. Mischt man diese Töne mit hellen Strichen aus mattem Gold und Khaki, die sich in den Möbeln und Stoffen finden, wirkt der Bereich gemütlich, aber luftig genug, um ihn auch in wärmeren Monaten zu genießen.

Zimmerplan

Dieser Sitzbereich im Freien ist Teil einer rundum führenden Veranda, die das Haus an drei Seiten beschattet. An der Vorderseite ist sie mehr als 12 m lang und ihre Anlage spiegelt den offenen Grundriss von drinnen wider: Der Platz ist zwanglos aufgeteilt, damit er mehreren Aktivitäten zugleich ermöglicht. Rechts vom bequemen Sitzbereich ist noch eine intimere Leseecke. Die Anordnung von Ohrensesseln und Tagesbett am offenen Kamin ist bequem und für große oder kleine Treffen geeignet.

Materialien

Seegras Ist eine langlebige Faser, ähnlich wie Stroh. Es ist widerstandsfähig gegen Nässe und daher formbeständig.

Segeltuch Wird für Segel und Zelte verwendet; ein festes, dichtes Gewebe aus Baumwolle, Jute oder Kunstfaser.

Zink Wegen der weichen Erscheinung geschätzt; Zink ist dennoch ein starkes und leichtes Metall, das nur schwer, dann aber schön verwittert.

Bequeme Sitzgruppe im Freien

Wer freut sich nicht auf die Zeit im Freien mit der Sonntagszeitung oder plaudernd mit einem Freund? Möbel zu finden, die den Elementen trotzen, aber so smart sind wie Möbel für Innenräume, kann knifflig sein. Nutzen Sie die Einfachheit der Natur, um simple Lösungen zu kreieren. Farbenfrohe Kissen auf einer Holzbank oder ein Sessel mit Stahlrahmen versprechen nicht nur Bequemlichkeit, sondern fügen auch noch Stil und Farbe hinzu. Um flexibel zu sein, sollten bei jeder Sitzgruppe im Freien einige leichte, tragbare Teile sein – Tische, die Getränke und Lesematerial bereithalten, und Sessel, die direkt zur Wärme des offenen Kamins gezogen werden können.

Unter einem Vorbau *(links)* ist diese Sitzgelegenheit vor Sonne und Regen geschützt und man kein leichter Extras hinzufügen. **Zartere Möbel** *(ganz oben),* in einem Kreis angeordnet, bieten sieben Personen Platz; ein paar Kissen und Decken mehr erzeugen Volumen, das den Raum größer erscheinen lässt. **Ein Duell aus Gartenstühlen** *(oben)* kreiert einen intimen Konversationsbereich, in einem von Hecken umrahmten, geheimen Garten. **Ein Patchworkquilt** *(rechts)* für eine Extrapolsterung – und als Musterschema – auf der eingebauten Bank vor einer Feuerstelle auf einer Terrasse.

Erfrischen

Was könnte belebender sein, als an einem heißen Sommertag in einen kristallklaren See zu tauchen? Im erfrischenden Wasser zu sein ist das Schönste – ob friedliches Dümpeln im Whirlpool, anregendes Schwimmen im Pool oder eine kühle Dusche im Garten. Wenn Sie am Meer leben oder einen Pool haben, ist es leicht, die erholsamen Effekte des Wassers zu genießen. Wenn nicht, schaffen Sie Ihr eigenes Refugium – mit einer einfachen Dusche oder einem Bad im Freien. Das aufregende Erlebnis, im Freien zu baden, erinnert an die Freiheit und Unbekümmertheit als Kind und die Bequemlichkeit, sich auf dem Weg vom Strand oder nach einem Tag am Pool duschen zu können, ist unvergleichlich.

Eine Dusche im Freien erfordert nur wenig Platz und ist durch den Anschluss an einen Gartenschlauch oder Wasserhahn leicht installiert. Sehen Sie nach Ausführungen mit einem wetterfesten Holzsockel, dann suchen Sie einen abgeschiedenen Platz (wenn möglich mit toller Aussicht), wo sie aufgestellt wird. Sie können sogar einen eigenen Aufbau für Ihre Gartendusche machen und bunte Fliesen verwenden, die Sie unter einem professionell installierten Duschkopf dekorativ anordnen.

Wenn die Nacht warm und der Himmel klar ist, gibt es nichts Luxuriöseres als ein langes Bad unter den Sternen. Wenn Sie keinen Platz für einen Whirlpool haben oder Sie einfach keinen wollen, stellen Sie eine Wanne zum Baden in die Ecke des Hinterhofs und umgeben Sie sie mit Topfpflanzen. Antike Emailwannen sind witterungsbeständig und wenn Installationen zu aufwändig sind, kann man sie auch mit einem Schlauch und ein paar Eimern Heißwasser füllen.

Ob Sie von einem Bad im Freien träumen oder von einem Schwimmbecken: Der Außenbereich wird durch den Komfort eines Kurbades zu einem idyllischen Zufluchtsort. Suchen Sie Zubehör und Ablagen, die problemlos nahe dem Wasser eingesetzt werden können. Montieren Sie eine Duschablage an einem Ast neben der Dusche für Seifen und Luffaschwämme. Planen Sie einen Platz im Freien zum Entspannen und Erholen, viele praktische Aspekte von drinnen werden dabei oft gar nicht benötigt. Haben Sie Spaß und erfinden Sie Überraschungen. Stapeln Sie Handtücher in leicht zu tragenden Picknickkörben, verwenden Sie Wasserskileinen als Trockenleinen, stellen Sie ein Tagesbett neben eine Wanne im Freien und halten Sie kleine Luxusgegenstände bereit.

Wenige Dinge inspirieren die Vorstellungskraft und die Sinne so sehr wie Wasser. Pool, Whirlpool oder ein Badeplatz im Freien erfrischen Geist und Körper.

Eine ungestörte Oase schaffen

Ihr Hinterhof könnte der perfekte Platz für einen abgschiedenen Badeplatz sein. Lassen Sie sich von der umgebenden Natur inspirieren – von ein paar Bäumen oder von einer Fels- oder Steingruppe. Finden Sie einen geschützten Winkel für einen Badebereich, der Luxus mit rustikaler Einfachheit vereint.

Nichts ist so entspannend wie das lange Einweichen in der Badewanne und sich dann in einem dicken Frotteemantel mit einem guten Buch hinzulegen. Außer vielleicht, man macht das unter freiem Himmel in einem luxuriösen Refugium inmitten eines Baumkreises oder einer natürlichen Felseinfriedung. Zuerst braucht man einen Fußboden – entweder eine Fertigteilkonstruktion oder eine gebaute Holzplattform. Wichtig ist der Unterbau der wetterfesten Plattform, da er nicht nur eine Badewanne tragen, sondern auch jede Menge Wasser aushalten muss. Dann benötigen Sie nur noch eine freistehende Badewanne, die von einem Installateur an einen Warmwasserschlauch angeschlossen oder mit Eimern befüllt wird.

Schlichte Dekorationselemente erzeugen eine beruhigende Zuflucht. Wählen Sie Möbel mit schlichten Designs und beweglichen Kissen, die rasch weggenommen werden können, wenn dunkle Wolken auftauchen. Zu manchen Tageszeiten wird Extraschatten nötig sein. Eine Bahn von hauchdünnem Stoff über einen starken Ast oder eine Leine drapiert, filtert die Sonne und erzeugt zusätzliche Ungestörtheit und Abgrenzung.

Ein weißer Baldachin *(links)* aus dünnen Vorhangbahnen hat einen dramatischen Effekt und spendet Schatten. **Ein Maschendrahtkorb** *(rechts)* für Handtücher und Badezubehör hat wenig Gewicht und ist perfekt proportioniert für kleine Räume.

Es sind die sensorischen Details, die dem Badeerlebnis ein Gefühl der Verjüngung verleihen – eine Palette von beruhigenden Düften und ruhigen Farben sowie Texturen, die weich und einladend wirken. Pflanzen Sie duftende Kräuter neben der Wanne, damit Rosmarin, Lavendel und Minze für ein Duftbad gleich bei der Hand sind. Verwenden Sie ein Schaffell als Badematte – es fühlt sich wunderbar an und kann rasch eingerollt und wieder verstaut werden. Eine Holzplanke kann als Wannenablage verwendet werden und Laternen erzeugen Stimmung bei einem Sonnuntergangsbad.

Eine Emailwanne *(links)* wird im Freien zu neuem Leben erweckt; hellgrau gestrichen passt sie sich der felsigen Umgebung an. **LED-Kerzen** *(oben)* oder Akkulampen sorgen für eine sichere Beleuchtung nach Sonnenuntergang. Frisch geladen glühen sie den ganzen Abend lang.

Gestaltungsdetails

Farbpalette

Schlichte Töne wie Steingrau, kühles Weiß und blasses Taupe von verwittertem Holz kommen für ein natürliches Trio zusammen, das einen ruhigen Badeplatz im Freien umgibt. In dieser Ausstattung mit den umgebenden Felsen und Bäumen wurde die Palette schon von der Natur ausgewählt. Aber übernehmen Sie diese Farben für jeden Badebereich. Neutrale Farben sind elegant, vielseitig und geben einen beruhigenden Hintergrund.

Materialien

Organdy Dieser preiswerte, hauchdünne Stoff wird hauptsächlich für Vorhänge und Baldachine verwendet. Er ist so fein gewoben, dass sein dichtes Gewebe so effektiv wie ein Moskitonetz ist. Leicht waschbar gibt er allen GartenZimmern.ein romantisches Flair.

Douglasfichte Ein sehr langlebiges Weichholz, wurde lange zum Bau von Werften und Brücken verwendet. Eine ausgezeichnete Wahl für Planken und Böden, neue oder recycelte Douglasfichte hat eine volle Farbe und trotzt den Elementen jahrelang.

Rosmarin Ein sehr aromatisches Heilkraut, das traditionell in der Aromatherapie als verjüngende Stimulanz verwendet wird. Seine Öle können dem Bad zugefügt werden, um den Kreislauf anzuregen und um Muskelschmerzen zu erleichtern.

Eine Badezuflucht

Am Pool genießt man die Gesellschaft von Freunden und kann zugleich Geist und Körper erfrischen. Den enstpannenden Rhythmus gibt das Wasser vor. Ergänzen Sie ihn mit üppig duftenden Pflanzen, einem großen Sofa, und genießen Sie den Sommer.

Sommer ist die Genusszeit. Das warme Wetter lockt uns nach draußen und ermuntert zu faulen Nachmittagen mit Freunden und der Familie. Steigende Temperaturen machen den Poolbereich auch zu einem der besten Räume im Sommer – ein Platz, um der Hitze zu entgehen und um Kopf, Körper und Geist zu erfrischen. Gestalten Sie Ihren Poolbereich zum perfekten Sommerort, indem Sie die erholsame Atmosphäre eines Kurbades einfangen, und ergänzen Sie ihn mit einem Platz für ruhiges Nachdenken und gelegentliche Besuche.

Zum Möblieren wählen Sie Modelle, die Bequemlichkeit bieten und die die Hauptvorteile der Anlage hervorheben. An Stelle von oder zusätzlich zu der üblichen Reihe von Liegen entwerfen Sie eine nahtlose Verschmelzung von drinnen und draußen, indem Sie ein bequemes Sofa mit stabilen Rollen ausstatten und es ans Wasser stellen. Im Freien wird ist Sofa ein überraschendes Element und ein sehr komfortabler Sitzplatz, um den Nachmittag mit Freunden zu genießen. Eine Einfassung aus glattem Beton erlaubt es, die Möbel nach dem Lauf der Sonne zu verschieben, und ein Poolhaus bietet einen guten Unterschlupf bei Regen.

Eine Stahlorangenpresse *(links)*, an der Ecke eines Pools aufgestellt, liefert immer frischen Saft. **Ein originelles Trio aus Plastikhockern** *(rechts)* funktioniert als ergänzende Sitzmöglichkeit oder als Beistelltisch. Durch ihr leichtes und wetterfestes Material ideal für den Poolbereich.

Beete duftender Kräuter und Reihen aromatischer Pflanzen umrahmen diesen Pool in den beruhigendsten Tönen der Natur. Winterharte, mehrjährige Kräuter wie Lavendel, Minze, Rosmarin und Salbei gedeihen in fast jedem Klima – ihre therapeutischen Düfte fügen eine willkommene Note der Beruhigung zur kurortähnlichen Atmosphäre. Ein mobiler Sonnenschirm bietet Schatten, wo er benötigt wird, und extragroße Badetücher können aufgebreitet, aufs Sofa drapiert oder als kuschelige Umhänge an kühlen Abenden verwendet werden.

Ein überzogenes Sofa *(links)* verdient einen zweiten Blick, wenn es ans Wasser gerollt wird. Ein wetterfester Teakvorleger ist ein idealer Akzent und angenehm für bloße Füße. **Leichte Strohkörbe** *(oben)* bieten eine bequeme Ablage für Handtücher und können auch zum Sammeln der Kräuter verwendet werden.

Gestaltungsdetails

Farbpalette

Weiß, Grau und Blau sind Farben des Himmels und somit die beste Wahl für einen Pool, dessen Oberfläche den Himmel reflektiert. Blau und Weiß erinnern uns an beruhigendes Wasser. Doch für GartenZimmer im Allgemeinen und Badebereiche im Besonderen ist Grau eine ausgezeichnete Farbwahl. Man sieht nicht gleich den Schmutz und es wird weicher und schöner, wenn es ausbleicht. Und es fördert die tiefe, mentale Entspannung.

Materialien

Schafgarbe Hoch und anmutig ergibt sie eine klassische Kombination mit Salbei. Die flachen Blütenschirme kommen in vielen Farben vor. Sie gedeiht in voller Sonne und in magerer Erde. Sie ist ein idealer Blumenteppich am Pool.

Twill Baumwolltwill ist eines der pflegeleichtesten Stoffe. Langlebig und bequem, erträgt Sonnenbestrahlung und häufiges Waschen und wird mit der Zeit immer weicher. Twill nach dem Waschen gegen Falten noch leicht feucht aufziehen.

Lavendel Dieses mehrjährige Kraut blüht duftend von Sommer bis Herbst, zieht Schmetterlinge an und erträgt Hitze und Trockenheit. Er wird im Beet oder in Töpfen bis zu 60 cm hoch und ist ideal, um technische Anlagen zu verbergen.

Eine Gartendusche

Beenden Sie einen Tag am Wasser mit einer einzigartigen Dusche im Freien. Der Aufbau ist ein Klacks – alles was man braucht, sind ein Gartenschlauch und ein paar funktionelle Details.

Bevor man ins Haus geht, möchte man zumindest die sandigen Füße abspülen. Schneller und lustiger geht es mit einer eigenen Hinterhofdusche. Eine einfache Dusche im Freien kann man binnen Minuten aufstellen, indem man einen Gartenschlauch entlang eines Baumes führt. Leben am See ist verspielt und entspannt, also hängen Sie einen Hula-Hoop-Reifen auf und befestigen Sie einen Duschvorhang daran. Stellen Sie Holzhocker daneben für nötige Duschutensilien wie einen Spiegel und Rasierzeug und denken Sie an einen freien Hocker – zum Warten, bis Sie dran sind.

Ein Duschvorhang *(gegenüber)* auf einem Hula-Hoop-Reifen bietet Ungestörtheit; ein paar Hocker dienen der Freiluft-Eitelkeit. **Ein Handtuchhalter** *(links)* wird einfach aus einer Leine gefertigt. **Fischernetze** *(oben)* für Seife.

Ein Weinregal *(links)* kann auf einer überdachten Veranda den ganzen Sommer lang hängen. Es ergibt einen cleveren, platzsparenden Spender für Handtücher, Zeitschriften und Mineralwasserflaschen. Halten Sie Ordnung am Pool, indem Sie eine Segeltuchtasche auf den untersten Haken für Sonnencremes, Schwimmutensilien, Sonnenbrillen und andere Kleinigkeiten anbringen.
Ein schmaler Einbauschrank *(oben)* für Handtücher und Körbe für Sonnenschutzmittel. Falten Sie gestreifte Handtücher in unterschiedlichen Richtungen, damit sie stilvoll und ordentlich aussehen.

Ein Bad im Freien ausstatten

Wenn Sie einen Platz zum Baden einrichten, ob zum Schwimmen oder Entspannen, sorgen Sie dafür, dass alles bereit liegt, um sich selbst zu verwöhnen. Sie benötigen viele Handtücher: Weiß ist am leichtesten zu waschen und passt immer. Wenn Sie ein wenig Farbe möchten: Blau bleicht schön in der Sonne (denken Sie an Ihre Jeans). Wenn Sie draußen viel Farbe wollen, geben Sie Ihrem Verlangen nach und wählen breite Streifen und Muster, die für ein kleines Bad im Haus zu viel sein könnten. Stecken Sie Cremes, Wässerchen und Flip-Flops in gewobene Plastiktaschen, die modische, wasserfeste Ablagekörbe ergeben, die Wind und Wetter trotzen.

Ein Whirlpool mit Ausblick *(links)* ist ein Platz, an dem Sie gerne verweilen möchten, ohne immer zum Haus laufen zu müssen. Eine Menge Handtücher, Trinkwasser und Sonnenschutz sollten immer bei der Hand sein. **Ein geschliffener Spiegel** *(ganz oben)* mit Haken hängt an einer Außenmauer neben einer Freiluftdusche. **Gewobene Plastiktaschen** *(oben)* sind leichte und wetterfeste Stauräume für Badeplätze im Freien. Hängen Sie ein paar davon farblich sortiert an Haken, um den Inhalt von außen erkennen zu können.

Inspirieren

Für manche ist Sonne das einzig Wahre, wenn das warme Wetter kommt. Für andere ist ein schattiger Fleck zum Lesen, Träumen oder Gärtnern perfekt. Sich auf die Natur einzulassen stärkt den kreativen Geist. Eine Stunde mit Pflanzen zu verbringen oder seinen Garten zu genießen ist natürliche Inspiration. Richten Sie ein Freiluftstudio für Ihre kreativen Projekte ein, wo Hilfsmittel liegen bleiben können und Inspiration zu Besuch kommt.

Es braucht nicht viel für den Anfang, nur eine Lieblingsbeschäftigung oder ein vernachlässigtes Hobby. Was weckt Ihre Kreativität? Pflanzen Sie gerne Blumen, entspannen Sie lieber auf dem Land oder schreiben Sie am Wasser? Dann überlegen Sie, ob Ihr Studio tragbar oder ob es fixiert werden soll. Den meisten von uns diktiert der Wunsch nach Wandelbarkeit eine gewisse Flexibilität. Entweder Sie träumen vom Wasser, leben aber auf dem Trockenen oder Sie leben in der Stadt und wollen aufs Land – die Möglichkeiten sind vielseitig.

Ein kleiner Fleck im Park und eine Seegrasmatte können die ganze Ausstattung sein, die Sie für Ihr Studio benötigen. Genaugenommen können Strandmatten und Decken überall für ein „Sofort-GartenZimmer" aufgebreitet werden. Ein Marktschirm oder dünner Vorhang schaffen Ungestörtheit und können leicht abmontiert und mitgenommen werden.

Ein Kunststudio kann unter den ausladenden Ästen eines Baumes mit einer tragbaren Staffelei, einem Klappstuhl und einem Picknickkorb für die Utensilien aufgebaut werden. Schaffen Sie ein Gartenrefugium mit einer Sammlung von Topfpflanzen auf einem Balkon, Dach oder unterm Vordach.

Für die perfekte Schriftstellerzuflucht bringen Sie einen festen Klapptisch für den Nachmittag auf die Wiese. Halten Sie Laptop, Zeitschriften, Stifte und andere Schreibutensilien in Sortierbüchsen oder einem Aktenkoffer zum Mitnehmen bereit. Kleine Koffer eignen sich ausgezeichnet für Fotoausrüstung, Fernglas, Handbücher oder Notizbücher, wenn Sie zum Beispiel Vogelbeobachtungen von Ihrem Sitz auf der Verandaschaukel aus notieren möchten. Was immer Ihre Leidenschaft ist, es gibt massenhaft Möglichkeiten. Man muss nur den richtigen Schauplatz finden oder schaffen und ein wenig Zeit investieren, um sich dann in seine Lieblingsbeschäftigung vertiefen zu können.

Schaffen Sie einen Ort für die Kreativität: Richten Sie Ihr Studio im Freien mit fixer oder variabler Ausstattung für den Wochenendgärtner oder Hobbykünstler ein.

RUNDGANG

Ein Dachgarten

Man braucht keinen saftigen Rasen oder einen Hinterhof, um einen Garten zu genießen. Ein Dutzend Töpfe mit schnell wachsenden Pflanzen und leicht duftenden Blumen verändern auch den kleinsten Stadtbalkon in eine abgeschiedene Gartenzuflucht.

Für manche Stadtbewohner bietet ein gelegentlicher Spaziergang im Park genug Pause vom Stadtleben. Für andere muss es schon mit Tätigkeit verbunden sein: Hände in Topferde, das tägliche Überprüfen der sich öffnenden Knospen, der Unterschied von acht verschiedenen Grüntönen auf Balkon und Fensterbrett. Wenn Sie Ihre Kreativität am liebsten mit Gärtnern wieder aufladen, erlauben Sie nicht, dass ein kleiner Raum Ihren Stil verkrampft.

In schlanken, leichten Töpfen mit Rollen können Topfpflanzen – ob Kräuter, Blumen oder Gemüse – leicht nach der Sonne oder entsprechend der Veränderung des Gartens bewegt werden. Topfpflanzen entlang der Terrassenumrandung ergeben einen attraktiven Rahmen, der zum Schutz der Privatsphäre dient, während Sie noch hinaussehen können. Bei der Auswahl der Sorten für einen Containergarten beachten Sie die Sonnenverhältnisse des Platzes. Rosen und Geranien z. B. brauchen täglich mindestens sechs Stunden direktes Sonnenlicht; Hortensien und Fleißige Lieschen dagegen benötigen Schatten. Mehrjährige Pflanzen wie Nelken und Lavendel eignen sich gut für Terrassen, weil sie pflegeleicht und robust sind. Streben Sie eine anmutige Pflanzenmischung an: größere Pflanzen und niedriges, volles Blattwerk.

Ein Mini-Formschnittbaum *(links)* ist mit einem Kreis aus Glaskugeln geschmückt. **Seegras-Sessel und -Hocker** *(rechts)* passen mit ihren kleinen Proportionen gut auf engem Raum im Freien.

C F

Als Beleuchtung für Ihren Platz im Freien wählen Sie solarbetriebene Lampen, die energiesparend und fast wartungsfrei sind. Die meisten schalten sich am Abend automatisch ein und leuchten bis zu zehn Stunden, bevor sie Sonnenlicht zum Laden benötigen. Beachten Sie, dass verschiedene Lampen unterschiedliche Ladezeiten in direkter Sonne benötigen, um zu funktionieren. Freistehende Lampen können auf Tische gestellt werden. Lampen mit Stangen können in Blumentöpfe gesteckt und leicht umgruppiert werden.

Sanft glühende Solarkugeln *(links)* auf einem Metalltisch fügen eine plastische Note zum Beleuchtungsschema hinzu. **Solarbetriebene Lampen** *(oben)* müssen so positioniert werden, dass sie mindestens sechs Stunden lang Sonnenlicht pro Tag bekommen.

Wenn Sie einen engen Raum im Freien möblieren, wählen Sie kleinere Teile, um das Gefühl von Offenheit zu erhalten. Vielseitige Stücke wie eine Ottomane können als Pflanzstuhl, als Beistelltisch oder weitere Sitzgelegenheit verwendet werden. Hier wurde ein kompakter Pflanztisch mit allem ausgestattet, was ein Stadtgärtner benötigt. Die Werkzeuge und Behälter sind nicht nur funktionell, sondern sehen auch noch gut aus. Wenn die Sonne untergeht, wird der Tisch rasch abgeräumt und zum Bartisch bei Festen umfunktioniert.

Beschichtete Holzstühle *(links)* und ein versiegelter Stahltisch werden mit einem feuchten Tuch schnell wieder sauber. **Ein kompakter Pflanztisch** *(oben)* bietet eine organisierte Station zum Pflanzen und Umtopfen.

Gestaltungsdetails

Farbpalette

Blumen und Blätter bieten alle Farben, die für ein GartenZimmer benötigt werden. Wählen Sie rotgelben Sonnenhut, rosa Fingerhut und gelbe Coreopsis. Ergänzen Sie mit Lavendel und Scabiose und fügen Sie weiße Akzente durch Wucherblumen und Berufskraut zu. Blattgrüne Farben sind unbestreitbare Lieblinge für eine frische Atmosphäre drinnen. Setzen Sie diese im Containergarten mit dekorativen Blättern und Gräsern fort.

Materialien

Laminiertes Holz Zusammengeleimte Holzplatten mit einer abschließenden, dünnen Furnierschicht, von einem Pionier der Möbelgestaltung, dem finnischen Designer Alvar Aalto, in den 1930er Jahren erfunden. Es ist feuchtigkeitsbeständig und leicht zu reinigen und passt daher gut zu überdachten Einrichtungen.

Sonnenhut Eine beliebte mehrjährige Pflanze für Containergärten. Sie ist bekannt für ihre goldgelben Blüten mit rostbrauner Mitte. Nach der Blüte geschnitten, blühen sie noch einmal – vor extremer Hitze schützen!

Duftgeranien Die muschelförmigen Blätter dieser Blumen geben einen faszinierend schönen Duft ab. Er variiert zwischen Orangen, Zitrone, Rose und Schokolade. Die Blüten gibt es von Rot über Lila bis Weiß. Sie eignen sich gut für Töpfe, Hängeampeln und als Ränderbepflanzung in direkter Sonne.

RUNDGANG

Inspirierende Aussicht

Ein hängendes Tagesbett ermöglicht eine neue Aussicht aufs Wasser. Mit weichen Kissen und wasserfesten Ablagen verwandelt es eine Veranda in einen Lieblingsplatz.

Beim Ausblick auf Anlegeplatz oder Seeufer nachzudenken, ist ein klassischer Zeitvertreib für einen Faulenzertag. Machen Sie das Beste daraus, indem Sie auf normale Sitzgelegenheiten zugunsten eines großen Tagesbettes verzichten. Streichen Sie den Rahmen eines Doppelbettes mit Bootslack und verwenden Sie starke Industrieketten, um es auf die Dachsparren der Veranda oder des Bootshauses zu hängen. Ergänzen Sie es mit wetterfesten Kissenüberzügen. Eine Aluminiumtruhe ist ein origineller Akzent und verstaut alles, was man für einen entspannenden Nachmittag benötigt.

Doppelte Hängeleuchten *(oben)* bieten Licht zum Lesen oder Entspannen. **Ein Teleskop** *(rechts)* und eine Stereoanlage laden zum Sternebeobachten bei Musik. **Blaue Bootsfarbe** *(gegenüber)* macht dieses hängende Tagesbett wasserfest.

Kreative Inspiration finden

Wer braucht in diesen hektischen Zeiten nicht ein bisschen mehr Ruhe und Inspiration? Wasserbecken, glatte Kugeln und offene Spiralen helfen den Geist zu fokussieren und bestärken die Einsicht. Da das Zubehör dafür nicht nur mediativ, sondern auch hübsch sein soll, sollte man den Platz im Freien zu einer beruhigenden Zuflucht machen. Wasserhyazinthen und Lilien in einem Übertopf ergeben einen schwimmenden Garten. Glaskugeln entlang des Weges oder Steine in einer Spirale neben einem Lieblingssitz beruhigen Ihre Sinne und inspirieren Ihre Kreativität.

Ein Topf mit Hauswurz *(oben)* ist ein pflegeleichter Minigarten, der den härtesten Bedingungen trotzt: grelle Sonne und Hitze beim Pool, Wind auf einem Dachgarten oder Stadtbalkon. **Steinkreise** *(rechts)* und Labyrinthe reflektieren natürliche Spiralen (wie z. B. Schneckenhäuser) und sind uralte Muster vieler Kulturen auf der ganzen Welt. Den Pfad einer Spirale oder eines Labyrinths zu folgen, soll den Geist beruhigen und die Vorstellungskraft anregen.

Ein Wasserbecken *(oben)* kommt in allen japanischen Gärten vor. Die Flüssigkeit von Wasser repräsentiert Zeitlosigkeit und soll den Garten durch seine Reflexion mit dem Himmel verbinden. **Ein Steinbecken** *(links oben)* verwandelt tröpfelndes Wasser in einen beruhigenden Springbrunnen. In der östlichen Tradition sagt man auch, dass der Klang laufenden Wassers die Gedanken mit dem Moment verbindet und uns in Harmonie mit der Erde bringt. **Wassergefüllte Glaskugeln** *(links)* und Kristallkugeln jeder Art bieten einen beruhigenden Mittelpunkt, der den Beobachter die Alltagsstörungen vergessen lässt, um sich auf die anliegenden Aufgaben zu konzentrieren.

Zuflucht

Der Laufschritt des heutigen Lebens scheint eine spontane Flucht vor dem Alltag unmöglich zu machen. Wenn sogar ein Wochenendausflug nicht möglich ist, dann planen Sie eine Zuflucht in der Nähe. Ob Sie sich nach Einsamkeit oder der Gesellschaft eines Freundes sehnen: Packen Sie zusammen, was Sie brauchen, und streben Sie den nächsten ruhigen Winkel des Gartens, des Daches oder Parks an, wo Sie ein GartenZimmer für einen Nachmittag oder einen ganzen Tag einrichten.

Das Stadtleben mag keinen großzügigen Rasen bieten, aber unterschätzen Sie nicht die Möglichkeiten eines Balkons oder eines Gemeinschaftsinnenhofs. Mit ein wenig Vorstellungskraft kann jeder dieser Orte in einen Zufluchtsort verwandelt werden. Sie sind nicht in Ihrer Wohnung und Sie sind offiziell nicht im Dienst: Nur das zählt.

Beim Haus wird ein Zufluchtsort im Freien mit Containerpflanzen definiert. Trennen Sie eine Ecke des Balkons mit robusten Kräutern wie Lavendel, Rosmarin oder Salbei ab. Störende Einblicke und Geräusche können mit schnell wachsender Süßkartoffel oder Trompetenblumen abgeschirmt werden. Grenzen Sie einen Bereich des Innenhofs mit getrimmten Lorbeerbüschen oder duftendem Jasmin in Töpfen ab. Laternen oder Lichterketten in einem Baum schaffen einen glitzernden Sternenbaldachin am späten Abend.

Wenn der nächste grüne Fleck weiter von Ihrem Zuhause weg ist, packen Sie Ihr Auto, Ihr Fahrrad oder Ihren Rucksack mit leichten und kompakten Annehmlichkeiten. Wählen Sie praktische Möbel: Klappbare Liegen und Hocker sind perfekt für einen Sonnennachmittag im Park; eine tragbare Plane und ein Picknickkorb können im Kofferraum leicht für eine Motorhaubenparty verstaut werden; ein Korb am Gepäckträger des Fahrrades reicht, um eine Decke und einige Zeitschriften für ein Versteck auf dem Hügel einzupacken.

Verwenden Sie wetterfeste Körbe oder Segeltuchtaschen, um alles für einen Tagesurlaub unterzubringen: Nackenrollen, Badeanzüge, Sonnenschutz und Thermoskanne mit kalter Limonade für den Tag; Kerzen, ein Radio und eine Mahlzeit für den Abend. Achten Sie auf funktionelle Transportgefäße, damit das Einpacken leicht fällt, wenn es Zeit ist zu gehen. Es muss kein Koffer gepackt werden und kein Flugzeug muss erwischt werden. Nur Sie, ein paar Lieblingsteile und gutes Wetter, das Ihnen Gesellschaft leistet.

Für eine gute Zuflucht muss man nicht immer gleich die Stadt verlassen. Ein Park oder der eigene Balkon können der richtige Ort für ein Abenteuer im Freien sein.

RUNDGANG

Zuflucht am Wasser

Eine Sommerzuflucht zum Lesen und Entspannen mit dem Morgenkaffee ist leicht aufgebaut. In fast jeder natürlichen Umgebung kann man mit einem Stoffzelt und einigen bequemen Möbeln ein ruhiges Versteck mit einer eigenen privaten Aussicht schaffen.

Um der täglichen Routine zu entkommen, müssen Sie nicht auf den Komfort von zu Hause verzichten. Wir alle sehnen uns nach gelegentlicher Einsamkeit, kurzfristig dafür Urlaub zu nehmen, ist jedoch oft schwierig. Eine Zuflucht für schönes Wetter, die auch außerhalb der Saison bleiben kann, ist leichter gemacht, als Sie annehmen. Bedenken Sie nur, wie praktisch und vielseitig ein Stoffzelt sein kann. Stecken Sie Ihr Refugium in der Nähe vom Haus ab – entweder an einer sonnigen Stelle im Garten oder in einer Ecke mit Seeblick.

Ein Zelt ist dann nicht mehr nur der günstige Platz, an dem man seinen Schlafsack ausbreitet, es wird zur voll eingerichteten Ecke mit einem Holzofen, einer Campinglaterne und den Bequemlichkeiten eines Schlafzimmers. Sollte es wolkig werden, kann der Regen mit einem Reißverschluss ausgeschlossen werden. Machen Sie Ihre Zuflucht unwiderstehlich, indem Sie ein oder zwei wesentliche Gegenstände hinzufügen, die den Unterschied zwischen einer Nächtigungsmöglichkeit und einem Ort machen, an dem Sie tagelang entspannen könnten. Ein Klappbett ist sicher einladender als ein Schlafsack. Ein erneuerter Clubsessel wird mit einer dicken Decke in einen Platz für Tagträume umgewandelt.

Ein Drahtgartenstuhl *(links)* mit Quilt eignet sich wegen seiner Einfachheit zur Beobachtung des Sonnenaufgangs mit Morgenkaffee. **Ein Einzimmerstoffzelt** *(rechts)* für eine perfekte Zuflucht.

Die Nähe zur Natur verbindet uns wieder mit der Umgebung und gibt neue Perspektiven auf Farben und Formen, die die Natur zu bieten hat. Diese Einsicht ist der beste Barometer, wenn wir ein GartenZimmer einrichten, das uns Freude und Zufriedenheit bringen soll, wann immer wir es bewohnen. Anpassungsfähige Möbel in verwitterten Materialien – ausgebleichte Farbe, altes Metall, sonnengebleichtes Segeltuch – sind am besten für eine Zuflucht geeignet.

Ein Zelt bietet einen begrenzten Raum und unbegrenzte Möglichkeiten.

Gehen Sie den erdgebundenen Geist dieses Refugiums mit kleinen Innovationen und ein paar Campingtricks an. Verwenden Sie Gummispanner statt normaler Regale. Zwischen den Zeltstangen gespannt kann man Handtücher und Lesematerial daraufhängen. Ein Hängeregal aus Segeltuch verdeckt die Kleidung und kann zusammengefaltet als Wäschesack verwendet werden.

Gummispanner *(links)* zwischen den Zeltleinen ergeben eine Trockenleine für Handtücher und Badeanzüge. **Ein Klapptisch** *(rechts)* aus Metall passt gerade neben das Bett, ist aber groß genug für Snacks, Lesematerial und einen Reisewecker.

ROAD TRIP SPECIAL
Outside
CLIF

Fordern Sie das Vorurteil vom Zelten als spartanischem Vergnügen heraus, indem Sie einfache Dinge, die wirklich Vergnügen bereiten, mitbringen, wie z. B. eine Espressokanne, mit der Sie Ihrem Morgenritual nachkommen können, und ein batteriebetriebenes Radio für Musik. Aber bringen Sie nicht zu viele dieser Alltagserinnerungen mit; kehren Sie die wahren Vorteile des Zeltlebens heraus, indem Sie es dort aufbauen, wo Sie das Brechen der Wellen oder den Ruf der Gänse hören und wirklich abschalten können.

Eine Campinglaterne *(links)* gibt Extralicht nach Sonnenuntergang. Kuscheln Sie sich in den Quilt am Clubsessel, um die rollenden Wellen zu beobachten. **Ein Kofferradio** *(oben)* kann den Naturklang einer Seezuflucht ergänzen.

Gestaltungsdetails

Farbpalette

Ein blauweißes Farbschema mit roten Akzenten ist wie eine Essenz des Sommers. In Streifen auf altmodischen Haushaltswarenartikeln wirken die Farben großartig auf einer Wiese oder beim Wasser. Wenn der Stoff der Sonne ausgesetzt wird, bleichen die Farben zu einem schönen Schieferton mit Weiß aus. Beerenrot ist ein natürlicher Akzent für diese Palette und macht das Zelt so bequem und adrett wie ein amerikanischer Quilt.

Materialien

Segeltuch Ein stark strapazierfähiges Gewebe, hauptsächlich zur Herstellung von Sportartikeln, Zelten und Gartenausstattungen produziert. Segeltuch kann aus Leinen, Hanf oder Baumwolle gewoben sein. Wasser- und wetterfest passt es perfekt zu einem entspannten GartenZimmer.

Gras Die Sorten Zoysia, Bermuda und Büffelgras gedeihen in mehreren Klimazonen; sie sind strapazierfähig und resistent gegen Trockenheit. Sie zählen zu den beliebtesten Grassorten.

Quilt Zwei Stofflagen mit einer weichen Füllung dazwischen werden in Mustern abgesteppt, damit die Füllung nicht verrutscht. Verwenden Sie gefaltete und gerollte Quilts statt Überzügen oder Kissen, um Gartenmöbel bequemer zu machen.

DESIGNIDEEN

Ein Arbeitsrefugium einrichten

Wer sagt, dass Büroarbeit drinnen gemacht werden muss? Nutzen Sie einen sonnigen Tag und nehmen Sie Ihre Aufgaben mit nach draußen. Alles, was Sie für ein Freiluftbüro brauchen, ist ein freier Fleck auf einem schattigen Hügel, am See oder eine kleine Seitenterrasse. Kombinieren Sie einen Stuhl, etwas zu trinken, eine ebene Fläche für den Laptop und eine Tasche oder einen Korb für die Akten und andere Arbeitsutensilien. Mit ein wenig Einfallsreichtum wird jeder Ort zu einem abgelegenen Büro, das man gerne benutzt. Packen Sie alles in einen Handwagen, damit Sie Ihr Büro überallhin mitnehmen können.

Ein grauer Handwagen *(oben)* ist mit allem für ein komplettes Heimbüro ausgestattet: einem alten Plattenkoffer für Akten, einem Laptop und einer Kiste für Büroutensilien (inklusive Wecker). **Adirondack-Anglerstühle** *(rechts)* an einem See verwandeln Konferenzanrufe in ein sündiges Vergnügen. Vorher können Sie noch ein paar Runden im Kanu paddeln oder Angeln auslegen. **Mit einem tragbaren Arbeitsplatz** *(gegenüber)* macht das Arbeiten zu Hause Spaß. Die Sonnenliege, der Klapptisch und der Picknickkorb sind klappbar und können dadurch überall dort aufgestellt werden, wo die Sonne scheint oder der Wind weht.

Details

Wir glauben, dass Sie überall einen ungezwungenen Stil einbringen können: vom Wohn- bis zum Schlafzimmer. Für dieses Buch haben wir hunderte Anlagen besichtigt, um für Sie perfekte Vorgaben für die dargestellten Ausstattungen zu finden. Wir haben so lange mit Möbeln und Accessoires experimentiert, bis wir die besten Kombinationen für jeden Raum gefunden haben. Das Ergebnis? Diese Sammlung von Stilideen im Freien, welche, wie wir hoffen, Sie inspiriert und erfreut.

Jede für dieses Buch ausgewählte Anlage war einzigartig und interessant. Hier sind weitere Informationen über die Heime, die wir besucht haben, die Stilideen, die wir erschaffen haben, und die Elemente, die das betreffende Design funktionieren lassen.

Familienfest im Garten

Reihen von fruchtlosen Maulbeerbäumen umrahmen diese elegante Szenerie für eine Gartenparty, die an einen Weingarten, einen Tennisplatz und ein viktorianisches Haus aus 1871 grenzt.

Umgebung Auf 4,5 abgeschiedenen Hektar bietet dieses Grundstück gepflegten Rasen, Blumenbeete und schon fast so etwas wie eine Baumschule mit alten Bäumen wie Eiche, Douglasfichte, Ahorn und Pfirsich. Duftzäune aus Sternjasmin umgrenzen einen Tennisplatz und trennen auch den Weingarten ab.

Möblierung Bauerntische „Farmhouse", Korbsessel „Augusta" (schwarz gestrichen), Hoteltischwäsche Serie „Classic", Essgeschirr „Great White", Rotweingläser Serie „Classic", Besteck „Tivoli", verzinkte Party-Eimer, Schreibtafel aus Eschenholz, „Emily"-Blumen-Kissen und Karo-Bettzeug „Classic", alles von Pottery Barn. Flaschengrüne Acrylbecher „Taylors" von Pottery Barn Kids. Hüte von Hat Box, Mill Valley, CA.

Beleuchtung Lichterketten, riesige Windlichter, Säulenkerzen von Pottery Barn.

Seiten 14–21

Leben am See

Dieses Bootshaus mit Steg wurde vom Hauseigentümer an einem Teich gebaut, der zur Erholung und zur Bewässerung des Weingartens dient.

Umgebung Als schattiger Treffpunkt für eine Familie, die Wasserskifahren liebt, überblickt dieses Bootshaus einen Windfang aus Weiden auf der anderen Uferseite. Der Bodenbelag ist aus Trex, einer wasserabweisenden Verbindung aus recyceltem Holz und Kunststoff.

Möblierung „Westport"-Sofaelemente mit gestreiften Überzügen, Ottomane, Kaffeehausstühle, solide Kissen fürs Freie, Barutensilien „Roma", moderne Bilderrahmen, alles von Pottery Barn. Lochwand von Hold Everything. Segeltuchtaschen von Land's End. „Laxne" Klapp-Metalltische von Ikea. Markisenstreifen-Kissen von Kate Spade.

Beleuchtung „Elliot"-Wandleuchten von Pottery Barn.

Seiten 28–33

Strand-Lagerfeuer

Dieser private Sandstrand am südlichen Ende des Lake Tahoe ist Teil einer Ferienmietanlage mit 12000 m^2 Seeufer und einem historischen Häuschen im Alpenstil.

Umgebung Das Haus wurde 1934 gebaut. Das Wohnzimmer hat eine riesige Feuerstelle aus Stein und zimmerhohe Bleiglasfenster, aus denen man auf den See und den privaten Sandstrand sieht. Der Strand wird über Stufen erreicht, die auf der Wohnzimmerveranda beginnen. Er bietet einen dramatischen Ausblick auf die schneebedeckte Sierra Nevada. Freigelegte Granitfelsen schützen den Strand vor dem Wind.

Möblierung Abnehmbare Sofakissen „Westport", gestreiftes Kissen „Cabana", Besteck „Arctic", Essgeschirr „Great White", verzinktes, dreistöckiges Etagentablett, Hoteltischwäsche Serie „Classic", übergroße Muschelschale, alles von Pottery Barn. Sonnenliege von PBteen. Gestreifte Kissen von Ikea. Andere Tischwäsche von Williams-Sonoma. Aufrolltische von Cost Plus World Market.

Beleuchtung „Hampton"-Laternen mit Stumpenkerzen von Pottery Barn.

Seiten 42–47

Grillen im Hinterhof

Familienfreundlicher Pool, Patio und Hofrasen wurden erst kürzlich dem schattigen Hügelgrundstück hinter diesem Landhaus hinzugefügt. Das Haus stammt aus den späten 1930er Jahren.

Umgebung Der angelegte Hinterhof ist strapazierfähig und landschaftlich widerstandsfähig zugleich. Die Steinplattenterrasse benötigt wenig Pflege und die Pflanzung von Petunien und Bodendeckern braucht nur regelmäßig Wasser. Die Liegefläche um den Pool ist aus Betonplatten, die schnell trocknen und an heißen Tagen die Füße kühl halten.

Möblierung Ausziehbarer Esstisch „Chesapeake", Bänke, Tagesbett und Stühle; Kissen für draußen, Marktschirme, Kaffeegläser; Besteck „Classic"; emaillierte Partyeimer und Siebe, alles von Pottery Barn. Getupfte Servietten von Martha Stewart.

Seiten 54–59

Ein tropischer Innenhof

Vom Architekten und Besitzer im mediterranen Stil entworfenes Haus: ein Haupthaus mit Studio und Gästehaus, die um einen Innenhof arrangiert sind.

Umgebung Der T-förmige Hof ist der Korridor vom Haupteingang zum Haupthaus mit einem kleinen Springbrunnen und hohen, schattigen Bäumen entlang des Weges. Die Gartenanlage – vom Bruder des Besitzers entworfen – legt den Schwerpunkt auf tropische Pflanzen, die Sonne bevorzugen: Bananen, Bougainvillea und Strelitzien, aber auch pflegeleichte sukkulente Sorten wie Hauswurz und Aloe.

Möblierung „Megan"-Stühle, Essgeschirr „Great White", Kelchgläser, Besteck „Tivoli", Weinkühler, alles von Pottery Barn. Tischleinen und Geschirrtücher von Tag. Gewebte Sets von Cost Plus World Market. Gurte an den Stühlen von J. Crew. Acrylbecher und Votivkerzenhalter von Target.

Beleuchtung Farbige Glaslaternen und Laternenhalter von Pottery Barn.

Seiten 60–65

Eine Veranda fürs Nickerchen

Die Veranda ist Originalbestand dieser Ranch aus den späten 1930er Jahren, die auf einer ländlichen Hügelkuppe steht und von der Winzerfamilie der umliegenden Weingärten gebaut wurde.

Umgebung Als klassischer Anbau zum Vordereingang vergrößert diese Veranda die volle Breite des Gebäudes. Treppen führen in die Mitte der Veranda. Die lange, schiffähnliche Plankenverkleidung und die langen Bodendielen wurden mit Bootslack gestrichen, um die Veranda für die Ewigkeit zu erhalten und die Benutzer vor Sonne und Regen zu schützen.

Möblierung Sitzelemente aus Seegras, Sammlerrahmen, gediegene Kissen für draußen, dicke Kissen aus Leinen, Sisalläufer, alles von *Pottery Barn*. Beistelltisch von Ikea. Gestreifte Kissen aus alten Stoffen genäht.

Beleuchtung Emaillierte Hängelampe von Pottery Barn. Klemmlampe von Ikea.

Seiten 74–79

Tagesbett im Schatten

Das Haus im klassischen Kolonialstil bietet angelegte Rosengärten, Buchsbaumhecken, eine Rundumveranda und den mit einer Laube überdachten Schlafplatz.

Umgebung Eine schattige Veranda, deren Pergola im Frühsommer mit duftenden Glyzinienblüten bedeckt ist, bildet den Übergang zum Gartenweg. Verandatüren führen zum Essplatz und mit Buchsbaum umfasste Stufen führen zu einem Swimmingpool mit einem Laubensitzplatz.

Möblierung Überzogenes Tagesbett „Megan", Steppdecken und rustikal gestreifte Steppdecke, Bettbezüge Serie „Classic", wattierte Nackenrolle „Chloe", Stuhl „Morrow", Badeschrank „Hampton", Telefon Serie „Classic", alles von Pottery Barn. Blaue Decke von Banana Republic. Hundeskulptur von Yankee Girl Antiques, San Anselmo, CA.

Ausstellung Wolkenbilder von Oly, Oakland, CA.

Seiten 80–83

Ein Fest bei der Scheune

Traditionelle Scheune, die an ein Haus angrenzt, das angeblich von General M. G. Vallejo erbaut wurde. Die Stallungen werden von den jetzigen Besitzern zur Aufbewahrung der Gartengeräte verwendet.

Umgebung Entsprechend der klassischen Scheunenerscheinung sind strukturierte Teile weiß gegen den schokoladenbraunen Hintergrund bemalt. Um die Scheune stehen weiße Oleanderbäume und Reihen von Hecken, die sie vom Rest des Grundstückes abschirmen.

Möblierung Besteck „Classic", rote Acrylbecher, Retro-Radio, Vasen „Bosphorous", alles von Pottery Barn. Passendes Tischtuch von Sima Kavoosi genäht. Geschirrtücher von Target. Schubkarre von Orchard Supply Hardware. Klassische Pferdehaar-Malerpinsel aus den 1930er Jahren.

Beleuchtung „Hampton"-Emaillaternen von Pottery Barn.

Seiten 90–93

Ein glänzender Patio

Als Übergangsbereich zwischen dem Haus und dem grasigen Hinterhof wurde dieser Patio so entworfen, dass er eine optische Verbindung und einen nahtlosen Übergang von drinnen nach draußen bildet.

Umgebung An drei Seiten führen Verandatüren in das Wohnzimmer, die Küche und den Arbeitsraum. Dieser 8 x 4 m große Innenhof kann von fast überall im Haus eingesehen werden. Die Pergolaähnliche Struktur oberhalb wurde aus Redwood gemacht und unterstützt Bougainvillea und süße Erbsen beim Klettern. Töpfe mit Zitronenbäumen sprenkeln den Patio und ziehen die Aufmerksamkeit auf den Neuseelandflachs und die ausgewachsenen Olivenbäume im Garten.

Möblierung Truhe „Chesapeake", dicke Kissen aus Korbgeflecht, Tablett „Bradford", alles von Pottery Barn. Saranak-Teakmöbel von Smith & Hawken. Hohe, weiße Übertöpfe von Ikea. Alte Barutensilien von The Other Shop, San Francisco.

Beleuchtung Emaillierte Hängelampen von Pottery Barn.

Seiten 94–99

Entspannung beim Pool

Dieser Weinlandsitz wurde in den 1970ern vom gefeierten Designer Val Arnold renoviert, der ein Poolhaus hinzugefügt und Platanen für einen französischen Landhauslook gepflanzt hat.

Umgebung Ursprünglich ohne Pool und Schlafzimmer für Feste geplant. Die nachfolgenden Besitzer fügten ein Schlafzimmer, ein Poolhaus und einen Pool hinzu und überarbeiteten den Garten komplett. Apfel- und Olivenbäume schmücken nun zusammen mit Lavendelbeeten und dekorativen Becken das Grundstück.

Möblierung Liegen „Chesapeake", Strandtücher, Marktschirme, feste Kissen für draußen, „Chesapeake" Klappstühle und Tagesbett, Sisalteppiche, „Cambria"-Tablett, Tapas-Servierset, Acrylgeschirr, alles von Pottery Barn. Gestreifte Kissenüberzüge von Les Toiles du Soleil. Tischdecke von Bed Bath & Beyond.

Beleuchtung Kleine Papierlaternen von Pottery Barn.

Seiten 108–113

Refugium am Kamin

Diese Bergzuflucht wurde für eine große Familie zum Ganzjahresgebrauch erweitert. Das Wohnzimmer im Freien wurde von einer Hazienda in San Miguel, Mexiko, inspiriert.

Umgebung Der Feuerplatz im Freien wurde für das Haus maßgefertigt – als Signalfeuer im Dunkeln für ankommenden Familienmitglieder und Gäste. Eine Oberlichte über dem Feuerplatz erlaubt der Sonne, die überdachte Veranda bei Tag zu beleuchten. Die Säulen, die den Überbau tragen, sind aus altem Redwood und das Dach ist aus Blech, um den Klang des Regens zu verstärken.

Möblierung Antikes balinesisches Tagesbett mit „Chesapeake"-Matratze, Seegras-Ohrensessel, Patchworkteppich, Kaffeetisch „Gayle", Segeltuch-Vorhänge, Sockelvase, alles von Pottery Barn. Zinktruhe von Swallowtail, S.F.-Satinkissen von Target. Vinyl- und gewobene Plastikkissen von Linens 'n Things. Sattelhocker von Barking Frog, S.F. Bemalte Keramikvase von Home, S.F.

Beleuchtung Hammerlack-Lampe und Dreibein-Lampe von Pottery Barn. Holzlaternen von Illuminations.

Seiten 116–121

Eine Oase schaffen

Dieses Freiluftbad wurde auf einem 12.000 m² großen Seeufer-Refugium errichtet. Der Besitz umfasst ein 1934 gebautes Haus mit sechs Schlafräumen, einen Sandstrand und ein Pinienwäldchen.

Umgebung Eine kleine Plattform aus Douglasfichte direkt beim Hintereingang des Haupthauses wird durch Pinien und Granitfelsen im Umkreis von 13 m zu einem sehr privaten Plätzchen. Die Plattform wurde ca. 90 cm vom Boden abgehoben, zwischen die Bäume und Felsen eingepasst und ist über zwei Treppen erreichbar.

Möblierung „Chesapeake"-Liege, Ankleidespiegel, Frotteetücher Serie „Classic", alles von Pottery Barn. Drahtkörbe und Organdyschals von West Elm. Schaffellvorleger von Ikea. Badeprodukte von Hydra. LED-Kerzen von Candela.

Seiten 128–131

Eine Badezuflucht

Auf zig Hektar privatem Grund bietet dieser große Familiensitz einen Poolbereich, der so angelegt ist, dass er die umliegende Berglandschaft unterstreicht.

Umgebung Das Becken wurde in Form eines Trapezoids gebaut – 17 m lang und 3 bis 4 m breit – damit es die Illusion erweckt, es würde sich weiter in den Hintergrund erstrecken. Lavendel, wilde Gräser und Schafgarbe wurden in Töpfen an den Poolrand gestellt, um einen nahtlosen Übergang zur umgebenden Landschaft zu erreichen.

Möblierung Sofa, Marktschirm, Waffelgewebe-Handtücher, Stahlentsafter, alles von Pottery Barn. Acrylbecher von Williams-Sonoma. „Prince AHA"-Hocker von Kartell. Graue Handtücher von Target. Silberschale von Ikea. Weißes Ledertablett von Coach.

Seiten 132–135

Ein Dachgarten

Der Zedernbalkon dieses modernen, minimalistischen Drei-Etagenhauses auf einer Hügelkuppe bietet Aussicht auf die Skyline von San Francisco und die Bay Bridge.

Umgebung Der 8 x 2 m große nach Norden ausgerichtete Balkon bekommt gerade so viel Mittagssonne, die benötigt wird, um einjährige und mehrjährige Pflanzen in Töpfen zu ziehen. Große Planzen schirmen den Balkon vom gegenüberliegenden Grundstück ab und können durch die Glaswand des offen gebauten Wohnzimmers gesehen werden.

Möblierung „Morrow"-Stühle, Seegras-Sessel und -ottomane, alles von Pottery Barn. Metalltisch von Emu durch Design Within Reach. Töpfe mit Rollen von Ikea. Pflanztisch von Smith & Hawken.

Beleuchtung Solarlampen von Gardener's Supply Company. Solarkugeln von Frontgate.

Seiten 144–149

Zuflucht am Wasser

Der Meerblick auf den Pazifischen Ozean ist der Mittelpunkt dieses Klippengrundstücks. Das Haus wurde mit grauem Stuck verputzt, um die natürliche Schönheit der Umgebung zu betonen.

Umgebung Zwei niedrige Gebäude werden von einer grau verputzten Mauer umschlossen und von Kiesanlagen umgeben, um mit dem dunstigen Ausblick zu harmonisieren. Nahe an der Klippe umrahmen Golden-Gate-Gras und Monerey-Zypressen den Ausblick.

Möblierung Leder-Clubsessel, rustikal gestreifte Steppdecken, Patchwork-Quilt, Streifen-Quilt „Belmont", robuste Kissen für draußen, Email-Tablett, „Tivoli"-Pal-Kofferradio, alles von Pottery Barn. Stoffzelt, Segeltuch-Hängeregal und Ofen mit freundlicher Genehmigung von Grundman's Canvas. Gästebettrahmen von The Company Store. Matratze von McRoskey Mattress Co., Gartenstuhl „San Francisco" von Marin Resource Recovery. Alter Melkschemel aus Frankreich.

Beleuchtung Alte Campingleuchte.

Seiten 158–163

Glossar

Acryl Ein klares, thermoplastisches Polymer, ist praktisch für draußen, da es durch sein klares, poliertes Aussehen wie Glas wirkt, aber unzerbrechlich ist. Es ist in vielen Farben erhältlich und als Tischware für Sommerfeste perfekt geeignet.

Adirondack-Anglerstuhl Gegen Ende des 19. Jahrhunderts. wurde der Adirondack-Park im Nordosten von New York die Inspiration für dieses Möbel im Freien, das aus Hemmlockbrettern handgefertigt wird.

Bambus Gereifte Bambusrohre ergeben ein sehr hartes Holz, das zum Bau von Häusern, Zäunen und Möbeln im tropischen Klima verwendet wird. Bambuslaminatböden – aus Bambusstücken, die mit Dampfdruck gepresst und geplättet werden – werden immer beliebter als Böden für draußen und drinnen.

Bananenpflanze Die Banane aus der Gruppe der Faserpflanzen ist eher ein mehrjähriges Kraut als ein Baum. Sie gedeiht in warmem tropischen Klima und ihre Blätter können bei starkem Wind beschädigt werden, wodurch sie ideal für Innenhöfe geeignet ist.

Baumwolle Dieser leichte Stoff wird aus gesponnen Fasern der Baumwollsamen gewoben. Von Überwürfen bis zu Bettbezügen ist die atmungsaktive, waschbare Baumwolle ein idealer Ganzjahresstoff. Langfasrige oder ägyptische Baumwollsorten sind die weichsten für Bettwäsche.

Beton Zement, Sand, Wasser und Kies ergeben dieses starke und pflegeleichte Material. Meist als Fundament eingesetzt, ist er kühl, was ihn optimal für Patios und GartenZimmer macht. Beton kann eingefärbt werden und behält die Farbintensität über die Jahre.

Binsenmatten Aus einer Auswahl von schaumgefüllten zylindrischen Sumpfgräsern gewoben. Binsenmatten werden seit dem Mittelalter als Bodenbelag verwendet. Weil Binsenmatten stark, strapazierfähig und strukturiert sind, macht sie das zu einer funtkionellen und optisch interessanten Alternative als Bodenbelag im Freien.

Bootslack Dieser fleck- und wasserresistente Anstrich eignet sich besonders für stark frequentierte Böden oder Holzbauten im Freien. Es gibt ihn in Volltönen von matt bis hochglänzend. Er ist besonders dickflüssig und sollte nur auf ganz trockenem Untergrund aufgetragen werden.

Bougainvillea Auch „Papierblume" genannt; diese holzige Kletterpflanze gedeiht gut im warmen Klima und in voller Sonne. Die Blüten gibt es in Rot, Pink, Orange, Gelb und Weiß. In kälterem Klima kann sie im Topf gezogen werden und im Sommer ins Freie gestellt werden.

Buchsbaum Dieser dichte, immergrüne Strauch mit seiner Fülle an dunkelgrünen, ovalen Blättern ist perfekt, um Einfriedungen für GartenZimmer zu schaffen. Er wurde früher für Irrgärten getrimmt und macht sich heute noch hübsch am Wegrand.

Coreopsis Ist auffallend gelb und blüht den ganzen Sommer lang in Fülle . Eine gute Wahl für Poolränder und andere offene, sonnige Bereiche. Wächst sprichwörtlich wie Unkraut. Attraktive Variationen sind „Badengold" und „Mädchenauge".

Denim Dieser schwere Twillbaumwollstoff wurde in den USA während des Kalifornischen Goldrausches für Arbeitshosen (Jeans) bekannt. Langlebig und waschbar ist Denim ein ideales Material für Möbel im Freien.

Douglasfichte Das langlebige Weichholz wurde lange zum Bau von Werften und Brücken verwendet. Ausgezeichnet für neue oder recycelte Planken und Böden. Die volle Farbe trotzt jahrelang den Elementen.

Duftgeranien Die muschelförmigen Blätter dieser Blumen geben einen faszinierend schönen Duft ab. Er variiert zwischen Orangen, Zitrone, Rose und Schokolade. Die Blüten gibt es von Rot über Lila bis Weiß. Sie eignen sich gut für Töpfe, Hängeampeln und als Ränderbepflanzung in direkter Sonne.

Email Durch Aufbrennen einer glasigen Schicht auf Metall, Ton oder Glas entsteht ein starkes, kratzfestes Material, das für Öfen, Töpfe und Badewannen verwendet wird. Es ist rostfrei und wegen seiner langen Lebensdauer ideal für Essgeschirr, das im Freien und bei feuchtem Klima verwendet wird. Emailgeschirr gibt einen Retrolook, der an die amerikanischen Dinner der 1950er Jahre erinnert.

Feinkies Mischung aus kleinen, runden Steinen, oft für Aquarien verwendet; gibt es in verschiedenen Farbschattierungen sortiert. Feinkies kann unterschiedlich eingesetzt werden: um Kerzen in Windlichtern zu verankern oder zum Pflastern von Gartenwegen.

Fleißiges Lieschen/Impatiens Gibt es in reinweißem Farbton mit rotgezeichneter Mitte und in vielen Rottönen. An sonnigen bis schattigen Plätzen eignet sich die einjährige Pflanze auch zum Bepflanzen flacherer Schalen, aber auch als Rand eines Patio.

Frottee Meist aus Baumwolle und bekannt für seine Weichheit und starke Saugfähigkeit, die durch seine Schlaufenstruktur entsteht. Es lässt sich leicht waschen und trocknet schell, daher ist es ideal zum Beziehen von Möbeln vieler GartenZimmer.

Glyzinie Der perfekte Baldachin für eine Schlafveranda. Bei Tag schützt sie vor Sonnenlicht und bei Nacht blitzen die Sterne durch. Diese Kletterpflanze gedeiht in direkter Sonne und ist im Frühsommer übersät von duftenden Blüten.

Gras Es soll an heißen und an kühlen Tagen immer frisch aussehen. Die Sorten „Zoysia", „Bermuda" und „Büffelgras" sind drei der beliebtesten, da sie in mehreren Klimazonen gedeihen. Alle drei sind strapazierfähig und weit gehend resistent gegen Trockenheit.

Hosta Auch Funkie oder Herzblattlilie genannt; ein wichtiges dekoratives Element für Kleingärten, da sie nicht durch Blüten auffällt, sondern allein durch Form, Farbe und Fülle ihrer Blätter. Hosta lässt den Garten lebendiger und interessanter erscheinen, kann zum Auffüllen oder Akzentuieren vorhandener Rabatte verwendet werden und ist im Halbschatten von Frühjahr bis Herbst gleich attraktiv.

Industrielochwand Ein Brett, in das in gleichmäßigen Abständen Löcher gebohrt wurde, in die man Nägel oder Haken stecken kann; so kann jede Wand zu einem praktischen Aufbewahrungsplatz werden.

Jasmin In tropischen und subtropischen Regionen beheimatet wächst Jasmin meist als Kletterpflanze an anderen Pflanzen oder Gerüsten hoch.

Kalkstein Überwiegend aus Calciumcarbonat bestehendes Sedimentgestein, das im Meer oder in Seen abgelagert wurde. Kalkstein ist weicher als anderes Gestein. Daher kann man Möbel daraus schnitzen, die mit dem Alter schön verwittern.

Kiesbeet Bekannt aus japanischen Zengärten. Ein Kiesgarten wirkt beruhigend auf ein GartenZimmer. Neben dem Pool oder Gartenteich kann man in eine Meditation vertieft das Muster des Wassers betrachten.

Korbmöbel Hauptakteure in GartenZimmern, weil sie so robust sind. Traditionell aus Bambus- oder Rattanrohren gefertig, die zu flexiblen Streifen verarbeitet werden und wie Körbe um einen Holz- oder Metallrahmen geflochten sind.

Laminiertes Holz Zusammengeleimte Holzplatten mit einer abschließenden, dünnen Furnierschicht, von einem Pionier der Möbelgestaltung, dem finnischen Designer Alvar Aalto, in den 1930er Jahren erfunden. Es ist feuchtigkeitsbeständig und leicht zu reinigen und passt gut zu überdachten Einrichtungen.

Lavendel Dieses mehrjährige Kraut blüht durftend von Sommer bis Herbst, zieht Schmetterlinge an und erträgt Hitze und Trockenheit. Er wird im Beet oder in Töpfen bis zu 60 cm hoch und ist ideal, um technische Anlagen zu verbergen.

Lisianthus Bringt im Sommer weiße, pinke, lila oder violette Blüten in umgedrehter Glockenform hervor. Eine einjährige, robuste und anpassungsfähige Pflanze.

Maulbeerbäume Sind robust und ertragen Stadt- und Seeluft, solange sie vom Wind geschützt stehen. Fruchtlose männliche Bäume sind bevorzugte Schattenspender an gepflasterten Plätzen, weil keine Fallobstflecken entstehen.

Moskitonetz Dieser dünne Stoff erfüllt zwei Aufgaben. Er hält nicht nur die Insekten auf Distanz, sondern fällt als exotisches Dekorelement auf. Netze aus Polyester oder Polyamid haben geringes Gewicht, sind sehr haltbar und elastischer als Baumwollnetze, die allerdings weicher in der Struktur sind.

Myrte Immergrüner Strauch, bis zu 3,5 m hoch, eine wunderbare Hecken- und Mauerpflanze, um einen bestimmten Bereich draußen zu definieren. Die langen, dunkelgrünen Blätter sind glänzend und mitten im Sommer bekommt sie stark duftende, weiße Blüten

Neuseelandflachs Eine stattliche architektonische Pflanze mit über 2 m langen schmalen Blättern. Der Flachs behält immer die Form, ist sehr pflegeleicht und genügsam.

Nyatoh Dieses tropische Hartholz spielt leicht ins Rote und ist eine attraktive Alternative zu Teak. Das schwere Holz ist wetterfest und sehr strapazierfähig.

Oleander Attraktiver immergrüner Strauch, bis zu 3 m hoch. Blüht vom Sommer bis Mitte Herbst in vielen Farben von cremigem Gelb über Rosa bis Rot. Oleander ist giftig, Vorsicht beim Aufstellen an Plätzen mit Kindern oder Haustieren!

Organdy Dieser preiswerte, hauchdünne Stoff wird hauptsächlich für Vorhänge und Baldachine verwendet. Er ist so fein gewoben, dass sein dichtes Gewebe so effektiv wie ein Moskitonetz ist. Leicht waschbar. Er vermittelt ein romantisches Flair in allen GartenZimmern.

Petunia Robust und leicht zu ziehen, blühen Petunien den ganzen Sommer lang. Eine einzige Pflanze kann hunderte Blüten hervorbringen und ihr volles Blattwerk macht sie zu einer perfekten Topfpflanze. Verwenden Sie Petunien für einen niedrigen Schutzwall auf der Verandaumfassung.

Plattensteine Ein idealer Belag für Hinterhöfe und offene Terrassen, weil sie schön und langlebig sind. Die Steine sind hart und brechen in flache Platten, die sich leicht verlegen lassen.

Porzellan Dieses harte Töpfereigut wird im Brennofen bei besonders starker Hitze gebrannt, wodurch es seine feste, strapazierfähige Natur erhält. Porzellan wird drinnen überall dort verwendet, wo robustes Material benötigt wird. Daher eignet es sich auch für Patios im Freien.

Redwood Dieses amerikanische Holz ist mittelhart, harzfrei und neigt durch den hohen Anteil an Gerbstoffen im Freien zum Verfärben. Dadurch setzt es einen rustikalen Akzent im Freien. Redwood ist gut zu bearbeiten, zu spalten und zu fräsen. Wird hauptsächlich zum Bau von Plattformen, Zäunen und Pergolen verwendet.

Rohleinen Langlebiger Stoff, aus den Fasern der Flaxstängel gewonnen. Leinen ist doppelt so haltbar wie Baumwolle und durch das Wachs der Faser glänzender. Die Fäden von Rohleinen sind unterschiedlich stark, wodurch das Gewebe eine unregelmäßige Oberfläche bekommt.

Rosmarin Ein sehr aromatisches Heilkraut, das traditionell in der Aromatherapie als verjüngende Stimulanz verwendet wird. Seine Öle können dem Bad zugefügt werden, um den Kreislauf anzuregen und um Muskelschmerzen zu erleichtern. Um einen Patio gepflanzt oder als Tischschmuck im Topf gezogen verströmt er einen appetitanregenden Duft für alle Essplätze im Freien.

Schafgarbe Hoch und anmutig ergibt sie eine klassische Kombination mit Salbei. Die flachen Blütenschirme kommen in vielen Farben vor. Gelbe Schafgarbe sieht besonders hübsch aus, wenn sie mit Lavendel angepflanzt wird. Sie gedeiht in voller Sonne und in magerer Erde. Sie ist ein idealer Blumenteppich beim Pool.

Schmiedeeisen Ist eine sehr reine Form von gebräuchlichem Eisen, das einen niedrigen Karbonanteil hat, wodurch es weniger anfällig für Rost ist. Ein wichtiger Aspekt für Gartenmöbel, die das ganze Jahr im Freien bleiben sollen.

Seegras Ist ein kommerziell gezüchtetes Wassergras mit einer starken Faser. Verwobene Seegrasmatten sind sogar bei starker Nässe strapazierfähig; daher eignen sie sich für stark frequentierte Bereiche wie Veranden, Eingänge und Vorzimmer.

Segeltuch Ein stark strapazierfähiges Gewebe, hauptsächlich zur Herstellung von Sportartikeln, Zelten und Gartenausstattungen produziert. Segeltuch kann aus Leinen, Hanf oder Baumwolle gewoben sein. Polstermöbel und Kissen aus Segeltuch sind wasser- und wetterfest und daher perfekt für ein entspanntes GartenZimmer.

Sisal Eine biegsame Faser der Blätter der Agave; weicher im Griff als die ähnlich aussehende Kokosfaser. Es wird gewöhnlich zu festen Matten verwoben, die nicht leicht schmutzen und daher für stark frequentierte Bereiche wie Eingänge oder Veranden geeignet sind.

Sonnenhut Eine beliebte mehrjährige Pflanze für Containergärten. Sie ist bekannt für ihre goldgelben Blüten mit rostbrauner Mitte. Nach der Blüte geschnitten, blühen sie nochmal – vor extremer Hitze schützen!

Succulente Auch Dickblattgewächse genannt; sind sehr genügsam, winterhart und leicht zu pflanzen, da sie wenig Erde benötigen. Man kann auch mehrere Sorten in einem Topf setzen.

Teak Im warmen, feuchten Klima von Südostasien heimisch. Teak ist ein besonders wasserfestes Holz und eine praktische Wahl für Möbel im Freien. Sein reicher Glanz nimmt durch Alter und Witterung zu, womit es auch die anderen Gartenmöbeln aufpoliert.

Terrakotta Ein harter, halbgebrannter Keramikton, der seit Jahrhunderten zum Töpfern und Bauen verwendet wird. Terrakottafliesen sind typisch für Patios, Dächer und Terrassen. Terrakottatöpfe sind für alle Sorten von Pflanzen, von Kräutern bis zu Bäumen, geeignet.

Twill Durch die schräge Köperwebart entstehen stabile, weiche Gewebe. Baumwolltwill ist einer der pflegeleichtesten Stoffe. Langlebig und bequem, erträgt Sonnenbestrahlung und häufiges Waschen und wird mit der Zeit immer weicher. Twill nach dem Waschen gegen Falten noch leicht feucht aufziehen.

Wasserfeste Stoffe Das dichte Gewebe von Segeltuch wird zusätzlich mit Teflon beschichtet, wodurch es wasserfest wird. Da die Farbe beigegeben wird, solange das Material noch flüssig ist, bleibt sie auch länger erhalten und schießt in der Sonne nicht so leicht aus.

Zeder Dieses rötliche, aromatische Weichholz ist wetterfest und schädlingsresistent, weshalb es perfekt für Gebäude und Möbel im Freien ist. Es verwittert mit einer attraktiven silbrig-grauen Patina.

Zink Wegen der weichen Erscheinung geschätzt. Zink ist dennoch ein robustes, leichtes Metall, das gerne für Ziergegenstände im Freien verwendet wird. Es ist durch die Bildung einer Schutzschicht korrosionsbeständig gegen kaltes Wasser und feuchte Luft.

Index

Danksagungen

Projektleitung
Martha Fay

Lektoren
Peter Cieply
Elizabeth Dougherty
Laurie Wertz

Designer
Adrienne Aquino
Madhavi Jagdish

Illustratoren
Paul Jamtgaard
Nate Padavick

Index
Ken DellaPenta

Assistenten der Fotografie
AJ Dickson
John Robbins

Styling-Assistenten
Julie Maldonado
Barbara Myers
Amber Tomasello

Merchandise-Chefkoordinator
Mario Serafin

Merchandise-Koordinatoren
Nick Castro
Darrell Coughlan
Scheffer Ely
Terri Fredlund
Paul Muldrow
Frank Simeone
Simon Snellgrove

Weldon Owen dankt den Fotografen und Herausgeberteams für ihre Kreativität und ihr Durchhaltevermögen bei der Produktion dieses Buches und bedankt sich bei den folgenden Menschen und Organisationen für deren unschätzbaren Beitrag:

Für die Erlaubnis, ihr Heim zu fotografieren
Laura Alber, Kurt Ashurst, John & Gretchen Berggruen, Nilus & Jennifer De Matran, Scott & Julie Drummond, Larry & Gina Everson, Charlie & Alexis Glavin, Robert & Kelli Glazier, Peter Haywood & Maggie Salenger Haywood, Laurie & Victor Ivry, John Paye und Jackie Goode bei Fairwinds, Ivy Rosequist, und John Staub

Für das zur Verfügungstellen von Kunstgegenständen und Requisiten
David Agrell, Kurt Ashurst, The Gardener, Mike und Linda Grundman von Grundman's Canvas, Nancy Coltes zu Hause, Janus et Cie, Sima Kavoosi, Modern I, John Paye, Mario Serafin, Timeless Treasures und Atlas Imports (San Jose, CA) für die Hocker, Überwürfe und das Teeservice auf den Seiten 114–115.

Catering vorort
Kass Kapsiak und Lorraine Olsen (Catering von Kass)

Für Hilfe, Ratschläge oder Unterstützung
Jim Baldwin, Leonie Barrera, Lee Bottorff, Garrett Burdick, Chris Capporino, Rebecca Forée, Arin Hailey, Meghan Hildebrand, Linden Hynes, Anjana Kacker, Dawn Kurnava-Dickson, Francine Lasala, Jessica Morrison, Matt Roech, Celine Spencer und Colin Wheatland sowie Owen Bingham, Victor Ruiz, Charles Williams, Chris Wilson und dem Rest der Pottery Barn-Belegschaft (Corte Madera, CA)

Dank der Autorin
Ich erweitere meine Dankbarkeit an Virginia Bell, Sally Davies, Karol Jackowski, Leigh Flayton, Eden Grimaldi, Zoe Ryan und Corey & Bryan Barberich für all ihre Unterstützung und Ermunterung. Meine tiefste Dankbarkeit auch an Shawna Mullen und Sarah Lynch für ihr feines Auge und ihr außerordentliches Verständnis bei der Redaktion.

Dank des Fotografen
Ich danke Emma Boys für die großartige Fähigkeit, ein komplettes Kreativteam bei Laune zu halten; Michael Walters für geniales Styling und niemals endende Leidenschaft – du hast viele inspiriert; Mario Serafin und seiner Merchandising-Mannschaft – ihr Leute haltet wirklich das Shooting zusammen; und meiner Frau Eszter, einer ständigen Unterstützung, egal ob nah oder fern von mir.

Fotografie von David Matheson und Styling von Michael Walters, außer
Seite 47 (oberes Material), Seite 79 (mittleres Material), Seite 99 (unteres Material), Seite 121 (mittleres Material), 138 (rechts), 153 (oben und rechts), Fotografie von Dan Clark. Seite 122 (links), Fotografie von Alan Williams. Seite 139 (zwei rechts), Fotografie von Hotze Eisma und Styling von Anthony Albertus.

Über Pottery Barn

1949 als einzelnes Geschäft in Manhattan gegründet, hat sich Pottery Barn zur führenden Quelle des Stils in Amerika entwickelt. Seit mehr als fünfzig Jahren bringt Pottery Barn den Menschen, die ihr Heim lieben, Behaglichkeit, Stil und Inspiration. Sei können bei Pottery Barn unter der Tel. Nr. ++1-1-800-922-5507 oder online unter www.potterybarn.com bestellen.